BEI GRIN MACHT SICH IHR WISSEN BEZAHLT

AF139618

- Wir veröffentlichen Ihre Hausarbeit, Bachelor- und Masterarbeit

- Ihr eigenes eBook und Buch - weltweit in allen wichtigen Shops

- Verdienen Sie an jedem Verkauf

Jetzt bei www.GRIN.com hochladen und kostenlos publizieren

Bibliografische Information der Deutschen Nationalbibliothek:

Die Deutsche Bibliothek verzeichnet diese Publikation in der Deutschen National-
bibliografie; detaillierte bibliografische Daten sind im Internet über http://dnb.d-
nb.de/ abrufbar.

Impressum:

Copyright © 2016 GRIN Verlag, Open Publishing GmbH
Druck und Bindung: Books on Demand GmbH, Norderstedt Germany
ISBN: 9783668355378

Dieses Buch bei GRIN:

http://www.grin.com/de/e-book/345329/verkuerzung-von-produktlebens-und-pro-
duktnutzungszyklen-mittels-physischer

Benjamin Hoffmann

Verkürzung von Produktlebens- und Produktnutzungszyklen mittels physischer und psychischer Obsoleszenz

GRIN Verlag

GRIN - Your knowledge has value

Der GRIN Verlag publiziert seit 1998 wissenschaftliche Arbeiten von Studenten, Hochschullehrern und anderen Akademikern als eBook und gedrucktes Buch. Die Verlagswebsite www.grin.com ist die ideale Plattform zur Veröffentlichung von Hausarbeiten, Abschlussarbeiten, wissenschaftlichen Aufsätzen, Dissertationen und Fachbüchern.

Besuchen Sie uns im Internet:

http://www.grin.com/

http://www.facebook.com/grincom

http://www.twitter.com/grin_com

Inhaltsverzeichnis

Inhaltsverzeichnis 1

Abkürzungsverzeichnis 3

1.   Einführung / Problemstellung 4

   1.1   Zielsetzung der Arbeit 6

   1.2   Gang der Untersuchung 7

2.   Die Theorie der geplanten Obsoleszenz 9

   2.1   Begriffsdefinitionen und -abgrenzungen 9

   2.2   Zur Theorie der geplanten Obsoleszenz und deren praktische Umsetzung von
        der Vergangenheit bis heute 13

   2.3   Ursachen kürzerer Produktlebenszyklen 16

   2.4   Gibt es geplante Obsoleszenz? 18

   2.5   Möglichkeiten zur gezielten Einflussnahme auf die Lebensdauer von Produkten
        seitens der Hersteller 21

3.   Physische Obsoleszenz 26

   3.1   Mangelnde Qualität, Sollbruchstellen und weitere Maßnahmen physischer
        Obsoleszenz 26

   3.2   Häufig von physischer Obsoleszenz betroffene Produkte und Produktarten 30

   3.3   Optimierung von Produktnutzungszyklen 31

4.   Psychische Obsoleszenz 35

   4.1   Theoretische Betrachtung der psychischen Obsoleszenz 35

   4.2   Frühe praktische Ansätze der psychischen Obsoleszenz 37

   4.3   Wie psychische Obsoleszenz die Lebenszyklen sowie die Nutzungsdauer von
        Produkten beeinflusst 41

   4.4   Marketing als Treiber von psychischer Obsoleszenz 45

5.   Verschiedene Auswirkungen als Resultat von verkürzten Produktlebens- und
    Produktnutzungszyklen 50

5.1	Einfluss auf den Verbraucher und die Gesellschaft	50
5.2	Einfluss auf Wachstum und Beschäftigung	53
5.3	Überflussproduktion und die Entwicklung zur Wegwerfgesellschaft	55
5.4	Ökologische Belastung durch Ressourcenverschwendung und zunehmende Abfallmengen	56
6.	Maßnahmen zur Bekämpfung von geplanter Obsoleszenz	61
6.1	Politische Maßnahmen und Regulierungsmöglichkeiten	61
6.2	Gesellschaftliche Gegenbewegungen zur Wegwerfgesellschaft	67
7.	Schlussbetrachtung	71
Quellenverzeichnis		74
Literatur		74
Flüchtige Quellen		80

Abkürzungsverzeichnis

BSH	(ehemals) Bosch-Siemens Hausgeräte GmbH
CO_2e	Kohlendioxidäquivalente
D.R.Z.	Demontage- und Recycling Zentrum
EU	Europäische Union
GfK	Gesellschaft für Konsumforschung
GM	General Motors
HD	High Definition
HGB	Handelsgesetzbuch
HP	Hewlett Packard
H&M	Hennes und Mauritz
IZMF	Informationszentrum Mobilfunk
LCD	Liquid Crystal Diamonds
PC	Personal Computer
R.U.S.Z.	Reparatur und Service-Zentrum
TV	Televisionsgerät
U.S.	United States of America
USA	United States of America
ZVEI	Zentralverband Elektrotechnik- und Elektronikindustrie e. V.
4K	Quad Full High Definition

1. Einführung / Problemstellung

Kaum ist die Garantie abgelaufen, schon ist das blöde Ding im Eimer! – Jeder kennt Geschichten über Waschmaschinen, die eigentlich über Jahre hinweg treue Dienste leisten sollten, aber bereits in den ersten fünf Jahren einen scheinbar unreparierbaren Defekt aufweisen. Genauso ist die Rede von Druckern, die, wie als wären sie darauf programmiert, nach gut zwei Jahren streiken und ihren Dienst quittieren.[1]

Die Annahme, Unternehmen könnten ihre Produkte gezielt darauf auslegen, nach einer bestimmten Nutzungsdauer[2] oder -häufigkeit gewisse Defekte aufzuweisen, ist mittlerweile weit verbreitet. Gerade mit Ablauf der gesetzlichen Gewährleistungspflicht, so scheint es, geben diese Produkte urplötzlich den Geist auf, ohne dass eine Fehlnutzung vorliegt. Zahlreiche Beispiele erhärten die Vermutung, dass Hersteller vorsätzlich sogenannte *Sollbruchstellen* verbauen, um dadurch die Lebensdauer[3] von Produkten künstlich zu verkürzen und somit die Nutzer zum Neukauf zu zwingen.[4] Dieses Phänomen ist als *physische Obsoleszenz* also die geplante, körperlichen Alterung eines Produktes bekannt und in den letzten Jahren zunehmend in die Schlagzeilen geraten, wodurch auf Seiten der Verbraucher ein wachsendes Misstrauen gegenüber den Herstellern und deren Qualitätsversprechen geweckt wurde.[5]

Generell ist eine zunehmende Tendenz hin zu immer kürzer werdenden Produktlebenszyklen bzw. -nutzungsdauern zu erkennen wobei auch auffällt, dass neben dem Austausch aufgrund von technischen Defekten gerade elektronische Produkte immer häufiger ersetzt werden, obwohl das vorhandene Gerät eigentlich noch voll funktionstüchtig ist.[6] So versuchen die Hersteller neben der *körperlichen Alterung* der Produkte auch durch sogenannte *psychische Obsoleszenz*, also der Alterung der Produkte im Auge der Konsumenten. Hierzu werden Produkte durch immer neue Eigenschaften und Fähigkeiten sowie optische bzw. modische Neuerungen

---

[1] Vgl. Brönneke et al. (2015), S. 312.
[2] Die *Nutzungsdauer* beschreibt, wie lange ein Produkt durch den Verbraucher verwendet wird, worunter auch die Zweit- und Drittnutzung zählen. Die *Erstnutzungsdauer* hingegen bezieht sich lediglich auf den Gebrauch durch den Erstnutzer (vgl. Prakash et al. (2016), S. 65).
[3] Der Begriff *Lebensdauer* beschreibt die technische Lebensdauer vom Verkauf bis hin zum endgültigen Defekt eines Produktes (vgl. Prakash et al. (2016), S. 65).
[4] Vgl. Reuß (2015), S. 30 sowie Brönneke et al. (2015), S. 311 und Lasch (2012), S. 20 f.
[5] Vgl. Kreiß (2015), S. 51 sowie Prakash et al. (2015), S. 85 und Lasch (2012), S. 20.
[6] Vgl. Prakash et al. (2016), S. 282 sowie Clasmann (2015).

ergänzt, wodurch die bis dato aktuellen schnell veraltet wirken und der Konsument so animiert wird, das Produkt neu zu kaufen, obwohl das aktuelle Produkt technisch eigentlich noch einwandfrei ist.[7] Im Gegensatz zu der physischen Obsoleszenz, die durch einen bewussten Defekt an der Ware hervorgerufen wird, basiert die psychische Obsoleszenz also rein auf der subjektiven Wahrnehmung des Nutzers, sein Produkt sei veraltet und nicht mehr zeitgemäß.

Bereits zu Beginn des 20. Jahrhunderts kam es in vielen Ländern und Branchen zu ersten Marktsättigungserscheinungen, welche Unternehmen dazu bewegten, nach neuen Wegen zur Steigerung des Absatzes zu suchen. Da sich jedoch ab einem gewissen Punkt die Zahl der Konsumenten nicht mehr endlos steigern lässt, versuchten die Unternehmen, Wege zu finden, die Kunden dazu zu bewegen, in häufigeren Abständen zu kaufen. Spätestens seit den 1920er Jahren wurden hierzu auch die bereits erwähnten und in folgender Ausarbeitung thematisierten Formen der geplanten Obsoleszenz diskutiert und als probates Mittel zur Wachstumssteigerung in Betracht gezogen.[8]

Doch welche Auswirkung haben diese Strategien der Hersteller? In Japan z.B. beträgt die durchschnittliche Halbwertszeit eines Mobiltelefons schon heute gerade einmal sechs Monate.[9] Werden die zunehmende Tendenz zu immer kürzeren Produktlebenszyklen und das damit verbundene Konsumverhalten der Verbraucher eine Überflussproduktion und damit eine Zunahme des globalen Abfallaufkommens zur Folge haben? Und wie reagieren die Verbraucher auf diesen Trend? Sind bereits Gegenbewegungen zu der heutigen Wegwerfgesellschaft zu erkennen? Welche Entwicklungen sind wünschenswert – sowohl aus Sicht der Hersteller als auch aus Sicht der Konsumenten und der Umwelt, und welche Maßnahmen können getroffen werden, um die Thematik der geplanten Obsoleszenz und deren Folgen in den Griff zu bekommen?

---

[7] Vgl. Prakash et al. (2016), S. 64.
[8] Vgl. Marsiske (2012), S. 76.
[9] Vgl. Burazerovic (2015), S. 6.

1.1 Zielsetzung der Arbeit

Die folgende Ausarbeitung hat zum Ziel, die Thematik der geplanten Obsoleszenz umfassend zu erläutern sowie die entsprechenden Begrifflichkeiten zu definieren und voneinander abzugrenzen. Hierzu sollen diverse Definitionen aus der Literatur aufgegriffen und daraus ein gemeingültiger Kontext gebildet werden. Auch die Entwicklung der Theorie des geplanten Verschleißes und deren Entstehung in den frühen Jahren des 20. Jahrhunderts sollen in diesem Zusammenhang betrachtet werden. Darüber hinaus gilt es anhand verschiedener Beispiele die Frage zu klären, ob die in der Theorie und in der medialen Berichterstattung so oft thematisierte geplante Obsoleszenz in der Praxis überhaupt existiert und wie sich diese darstellt. Dazu sollen verschiedene Möglichkeiten aufgezeigt werden, wie die Unternehmen die Nutzungsdauer sowie den Lebenszyklus[10] von Produkten bewusst verkürzen können.

Ein weiterer wesentlicher Aspekt der Arbeit ist die Betrachtung der Auswirkungen, die aus der Anwendung von geplanter Obsoleszenz resultieren. Hierbei liegt der Fokus insbesondere auf der Betrachtung von gesellschaftlichen und ökologischen Auswirkungen aufgrund der verkürzten Lebens- und Nutzungszyklen. Darüber hinaus gilt es, Maßnahmen zu formulieren, die getroffen werden können, um die Problematik von geplanter Obsoleszenz und den daraus resultierenden verkürzten Nutzungszyklen der Produkte entgegen zu treten. Dazu sollen sowohl politische und juristische sowie gesellschaftliche Maßnahmen geprüft werden.

Ziel soll es somit weniger sein, ein einen Teilaspekt der geplanten Obsoleszenz im Detail zu betrachten, sondern vielmehr einen umfassenden Überblick über die Thematik der geplanten Obsoleszenz sowie den aktuellen Stand der Diskussionen diesbezüglich zu verschaffen.

---

[10] Der *Produktlebenszyklus* ist ein betriebswirtschaftliches Modell, das die idealtypische Entwicklung eines Produktes in die Phasen der Einführung, des Wachstums, der Reife und der Degeneration unterteilt, welche dem Modell zufolge zwangsläufig von jedem Produkt durchlaufen werden. Ziel des Modells ist es zudem, Strategie- und Handlungsempfehlungen zu den jeweiligen Phasen im Produktlebenszyklus zu geben (Vgl. Fischer (2001), S. 1 ff.).

1.2   Gang der Untersuchung

Das Kapitel 2 beschäftigt sich zunächst ausführlich mit der Theorie der geplanten Obsoleszenz. Hierzu soll in Kapitel 2.1 der Oberbegriff der geplanten Obsoleszenz sowie weitere Teilbegriffe definiert und voneinander abgegrenzt werden. Außerdem wird im darauffolgenden Kapitel 2.2 die Entstehung und Entwicklung des Begriffes sowie die theoretischen Diskussionen und Publikationen zu diesem Thema betrachtet und zusammenfassend beschrieben sowie anhand praktischer Beispiele aus der Vergangenheit untermauert. Darüber hinaus gilt es im Kapitel 2.3, die Frage zu klären, ob die in der Theorie und in den Medien so viel diskutierte Thematik der geplanten Obsoleszenz in der Praxis überhaupt existiert. Die Kapitel 2.4 und 2.5 beschäftigen sich dann mit den Ursachen, die zur Verkürzung von Produktlebenszyklen führen, sowie Maßnahmen, die Unternehmen treffen können, um die Lebensdauer von Produkten gezielt zu verkürzen.

Das Kapitel 3 befasst sich dann umfassend mit der physischen Obsoleszenz, wobei im Kapitel 3.1 zunächst einige praktische Beispiele aufgeführt werden sollen, die für die Existenz von physischer Obsoleszenz sprechen. Außerdem sollen im Kapitel 3.3 Produkte und Warengruppen aufgeführt werden, die häufig von physischer Obsoleszenz betroffen sind. Das Kapitel 3.3 beschäftigt sich dann mit der sogenannten Optimierung von Produktnutzungszyklen, wobei es sich um die Auslegung von Produkten auf eine ökologische und sinnvolle Lebensdauer handelt.[11]

Im Kapitel 4 wird die sogenannte psychische oder psychologische Obsoleszenz näher betrachtet. Dazu werden in Kapitel 4.1 zunächst verschiedene theoretische Betrachtungen aus der Literatur beschrieben, um in Kapitel 4.2 frühe praktische Fallbeispiele für psychische Obsoleszenz darzustellen. Aktuelle Beispiele für diese Praxis werden im Kapitel 4.3 erläutert, welches darüber hinaus klären soll, wie genau psychische Obsoleszenz zur Verkürzung von Produktlebenszyklen- und Nutzungsdauern führt. Im Kapitel 4.4 soll dann untersucht werden, welche Bedeutung das Marketing für die Durchsetzung von psychologische Obsoleszenz hat und wie dieses den Verbraucher diesbezüglich gezielt beeinflusst.

---

[11] Vgl. Prakash et al. (2016), S. 22.

Welche Auswirkungen der Einsatz von geplanter Obsoleszenz haben kann, gilt es im Kapitel 5 zu klären. Dazu sollen zunächst im Kapitel 5.1 die diversen Einflüsse auf Verbraucher und Gesellschaft und im Kapitel 5.2 auf Wachstum und Beschäftigung sowie auf die Unternehmen betrachtet werden. Die Kapitel 5.3 und 5.4 widmen sich dann der aus der geplanten Obsoleszenz resultierenden Überflussproduktion sowie der ökologischen Belastung, die durch diese Problematik entsteht.

Doch es gibt auch Möglichkeiten und Maßnahmen, die getroffen werden können, um die Probleme in den Griff zu bekommen, welche im Kapitel 6. in aller Ausführlichkeit behandelt werden. Hierzu sollen im Kapitel 6.1 zunächst Möglichkeiten erläutert werden, die von Seiten der Politik getroffen werden können. Doch es bedarf auch einem Umdenken von Seiten der Verbraucher, um die Unternehmen dazu zu bewegen, ihre Produkte auf längere Nutzungsdauern auszulegen. Das Kapitel 6.2 befasst sich daher mit Maßnahmen und notwendigen Gegenbewegungen, die von Seiten der Konsumenten aus der Gesellschaft heraus erfolgen können.

Im Kapitel 7 sollen dann die gewonnenen Erkenntnisse zusammengefasst und abschließend betrachtet werden.

2.   Die Theorie der geplanten Obsoleszenz

Was man unter der geplanten Obsoleszenz von Gebrauchsgegenständen versteht, wurde bereits eingangs erläutert. Doch was steckt genau dahinter? Wie hat sich die Theorie der geplanten Obsoleszenz entwickelt und wie stellt sich diese in der Praxis dar? Das folgende Kapitel befasst sich zunächst damit, die verschiedenen Begrifflichkeiten zu definieren und voneinander abzugrenzen sowie die Entwicklung der Thematik und die Ursachen zu beschreiben, die zur Verkürzung von Produktlebenszyklen und deren Lebensdauer führen. Außerdem soll die Frage geklärt werden, ob geplante Obsoleszenz in der Realität überhaupt existiert und welche Möglichkeiten Unternehmen zur Verfügung stehen, um die Lebensdauer von Produkten gezielt zu verkürzen.

2.1   Begriffsdefinitionen und -abgrenzungen

Das Wort *Obsoleszenz* leitet sich von dem lateinischen *obsolescere* ab, was so viel bedeutet wie *sich abnutzen oder altern*, aber auch an *Ansehen oder an Wert verlieren*.[12] Eine der aktuellsten Definitionen stammt aus einem Forschungsbericht des Umweltbundesamtes und wird als *Alterung eines Produktes* beschrieben, wobei nicht relevant ist, ob diese natürlich oder künstlich herbeigeführt wurde. Unter Alterung wird hierbei verstanden, dass das Produkt nicht mehr zur Befriedigung eines Bedürfnisses geeignet ist. Der Begriff Obsoleszenz kann demzufolge in zwei verschiedenen Formen verwendet werden, wobei zum einen lediglich von der gewöhnlichen Alterung bzw. dem Verschleiß eines Produktes gesprochen wird, zum anderen aber häufig auch der vorzeitige Verschleiß eines Produktes gemeint ist. Hierbei wird von einer zu erwartenden Lebensdauer ausgegangen, welche von dem entsprechenden Produkt nicht erreicht wird.[13] In Verbindung mit dem Adjektiv *geplant*, also geplante Obsoleszenz oder auch *planned obsolescence*, wie es im englischen Sprachgebrauch verwendet und bereits 1932 geprägt wurde[14], impliziert es, dass die Abnutzung von Gebrauchsgütern z.B. von Seiten der Hersteller gezielt geplant wird.

---

[12] Vgl. Reuß (2015), S. 26.
[13] Vgl. Prakash et al. (2016), S. 64.
[14] Vgl. London, (1932).

Nun ist es aber neben der in der Regel negativen Verwendung des Begriffes möglich, diesen auch völlig wertfrei zu verstehen. So ist es zunächst selbstverständlich, dass wirtschaftliches Handeln und die Produktion von Waren einer gewissen Planung bedarf und die Produktion von Waren nicht dem Zufall überlassen wird. Ebenso unumstritten ist, dass alle Materialien und Ressourcen von begrenzter Dauer sind und irgendwann Alterserscheinungen aufweisen, wobei die Lebensdauer dieser Materialien extrem unterschiedlich sein kann. Betrachtet man nun den Begriff der geplanten Obsoleszenz in diesem Zusammenhang, ergibt sich schnell die Notwendigkeit seitens der Hersteller, diese begrenzte Lebensdauer in ihrer Produktion zu berücksichtigen und mit einer Abnutzung ihrer Güter nach einem gewissen Zeitraum zu planen und gegebenenfalls zu optimieren.[15]

Betrachtet man die Verwendung des Begriffes der geplanten Obsoleszenz in der Literatur, so wird dieser zwar relativ unterschiedlich, jedoch vorwiegend in einem negativen Kontext gebraucht. In der medialen Berichterstattung wird die geplante Obsoleszenz als bewusst herbeigeführte Verkürzung der Lebensdauer von Produkten durch den bewussten Einsatz von sogenannten Sollbruchstellen seitens der Hersteller dargestellt. Als Ziel wird hierbei einzig und allein die Absatzsteigerung durch den vorzeitigen Neukauf in den Vordergrund gerückt und davon ausgegangen, dass das Produkt mit Ausnahme des Bauteils, welches zum Defekt des Gerätes geführt hat, noch nicht am Ende seiner technischen Lebensdauer angelangt ist.[16] Dies steht jedoch im Widerspruch zu der eben erwähnten These, der wirtschaftlichen Irrationalität von kurzlebigen Bauteilen bei gleichzeitiger Verwendung langlebiger Elemente, worauf im Zusammenhang mit der Optimierung von Produktnutzungszyklen im Kapitel 3.3 noch einmal im Detail eingegangen wird. Zunächst einmal soll jedoch ein Überblick über die unterschiedlichen Definitionen gegeben werden, die in Bezug auf geplante Obsoleszenz existieren.

Die erste Definition des Obsoleszenzbegriffes in Zusammenhang mit der Abnutzung von Produkten erfolgte 1947 durch Paul M. Gregory, der in diesem Zusammenhang von *purposeful obsolescence*, also *zweckmäßiger* Obsoleszenz spricht. Laut seiner

---

[15] Vgl. Röper (1976), S. 17 ff.
[16] Vgl. Prakash et al. (2016), S. 60.

Auffassung liegt diese immer dann vor, wenn Hersteller Produkte produzieren, bei denen die Lebensdauer kürzer ist, als der Industrie unter gleichen Kosten und Voraussetzungen möglich wäre oder wenn die Hersteller bzw. die Industrie den Verbrauchern implizierten etwas zu ersetzen, obwohl das Produkt eigentlich noch in einem brauchbaren Zustand wäre.[17] Eine weitere Definition stammt von dem U.S.-amerikanischen Publizisten Vance Packard. Dieser unterschied auch erstmals namentlich zwischen drei verschiedenen Formen der Obsoleszenz, nämlich zum einen der *funktionellen Obsoleszenz*, bei der ein Produkt durch die Einführung eines neuen, verbesserten Produktes veraltet sowie der *qualitativen Obsoleszenz*, bei der ein Produkt zu einem geplanten Zeitpunkt versagt oder verschleißt. Die dritte Form der von ihm beschriebenen Obsoleszenzbegriffe ist die sogenannte *psychologische Obsoleszenz*, bei der ein Produkt, welches sowohl qualitativ, als auch leistungstechnisch noch zu gebrauchen wäre, als überholt angesehen wird, weil es aus modischen oder anderen Gründen im Auge des Nutzers an Attraktivität verliert.[18]

Auch Karl Georg Zinn, der den englischen Begriff der *planned obsolescence* mit der „absichtlichen Verkürzung der Lebensdauer langfristiger Gebrauchsgüter" definiert, unterscheidet zum einen zwischen der „technischen Verschlechterung" sowie dem „häufigen Modellwechsel, kombiniert mit einer auf Prestigekonsum ausgerichteten Werbung".[19] Eine weitere Definition stammt von dem deutschen Wirtschaftswissenschaftler Ingo Schmidt, welcher das Ziel von geplanter Obsoleszenz darin sieht, „die Dauer oder Zahl der Nutzungen, die ein Produkt stiftet, zu vermindern, um auf diese Weise vorzeitig Ersatzkäufe zu veranlassen." [20] Christian Kreiß, der sich intensiv mit dem Phänomen der geplanten Obsoleszenz befasst hat, beschreibt diese als „gezielte, durch die Hersteller nicht offengelegte Reduzierung der ökonomischen Haltbarkeit von Produkten [..] mit dem Zweck, bei den Kunden vorzeitige Ersatzkäufe auszulösen."[21]

Die bereits erwähnte Studie des Umweltbundesamtes unterscheidet vier unterschiedliche Formen von geplanter Obsoleszenz. Zum einen wird der Begriff der

---

[17] Vgl. Gregory (1947), S. 24.
[18] Vgl. Packard (1964), S. 60 f.
[19] Zinn (1972), S. 15.
[20] Schmidt (1971), S. 868.
[21] Kreiß (2014), S. 15.

werkstofflichen Obsoleszenz aufgeführt, der sich inhaltlich weitestgehend mit Packards qualitativer Obsoleszenz deckt und die mangelnde Leistungsfähigkeit von Materialien und Komponenten beschreibt, die zur vorzeitigen Produktalterung führen. Des Weiteren werden auch hier wieder die Begriffe funktionale und psychologische Obsoleszenz verwendet, wobei es sich um die Alterung eines Produktes durch veränderte technische oder funktionale Anforderungen an ein Produkt bzw. im Fall der psychologischen Obsoleszenz durch modische oder technische Trends handelt.

Darüber hinaus verwenden die Verfasser der Studie den Begriff der *ökonomischen Obsoleszenz*, worunter der Umstand zu verstehen ist, dass nötige Instandhaltungen oder Instandsetzungen eines Produktes aus Kostengründen nicht durchgeführt werden und in vielen Fällen der Mehrkostenaufwand für ein neues Gerät zu gering ist.[22] Als Gründe hierfür werden außerdem „kurze Produktentwicklungszeiten, schneller Preisverfall, reparaturunfreundliches Design, hohe Reparaturkosten und mangelnde Verfügbarkeit von Ersatzteilen"[23] genannt.

Festhalten lässt sich also, dass sich in der Begriffstheorie verschiedene Obsoleszenzbegriffe voneinander abgrenzen lassen. Diese können zum einen unter dem Begriff der *physischen Obsoleszenz* unterschieden werden, was im Zusammenhang mit der Obsoleszenz von Produkten den *körperlichen* Verschleiß beschreibt. Die *psychische Obsoleszenz* hingegen zielt auf das Verlangen des Verbrauchers nach einem Neukauf eines Produktes ab und weckt in diesem das Verlangen nach einem technisch verbesserten oder optisch zeitgemäßeren Produkt.

Der Begriff der physischen Obsoleszenz kann äquivalent mit Packards Beschreibung der qualitativen Obsoleszenz sowie dem Begriff der werkstofflichen Obsoleszenz verstanden werden, wohingegen sich die Definitionen der funktionellen sowie der psychologischen Obsoleszenz unter dem Begriff der psychischen Obsoleszenz zusammenfassen lassen, da beide Formen der Obsoleszenz darauf abzielen, den Konsumenten dazu zu bewegen, sein vorhandenes und funktionierendes Produkt durch ein neueres, entweder funktionelleres oder optisch aktuelleres Produkt zu ersetzen. Der Begriff der ökonomischen Obsoleszenz kann ebenfalls der physischen

---

[22] Vgl. Prakash et al. (2016), S. 64.
[23] Prakash et al. (2016), S. 64.

Obsoleszenz zugeordnet werden, da für diese Form der Obsoleszenz ein physischer Defekt des Produktes vorausgesetzt wird.

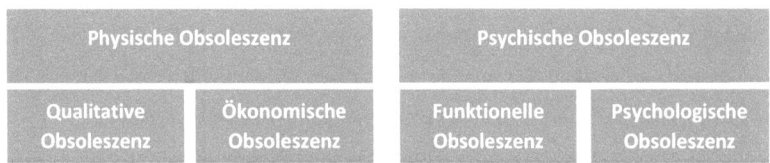

Abb. 1: Formen der Obsoleszenz, eigene Darstellung

Innerhalb dieser Arbeit soll aufgrund dieser Tatsache überwiegend zwischen psychischer und physischer Obsoleszenz unterschieden werden.

2.2 Zur Theorie der geplanten Obsoleszenz und deren praktische Umsetzung von der Vergangenheit bis heute

Die Wurzeln des Phänomens der geplanten Obsoleszenz und des Begriffs reichen bereits in die Anfänge des 20. Jahrhundert zurück. So beschreibt Bernard London bereits 1932 in seinem Werk *Ending the depression through planned obsolescence* die Idee einer Abwrackprämie für gewisse Artikel beim Erreichen einer staatlich festgelegten Nutzungszeit, um so die Wirtschaft anzukurbeln und den Unternehmen die Möglichkeit zu geben zusätzliche Gewinne zu erwirtschaften. London prägte bereits damals in diesem Zusammenhang den Begriff der *planned obsolescence*. Wird heute unter dem Begriff allerdings überwiegend die bewusste Verkürzung der Produkthalbwertszeiten von Seiten der Hersteller und der Industrie verstanden, war es Londons Ziel vielmehr, durch staatliche Regulation einen Weg zu finden, um die Nutzungsdauer von Produkten zu verkürzen und die Zeiträume bis zum Neukauf zu beschleunigen.[24]

Allerdings gab es auch Ansätze der geplanten physischen Obsoleszenz, wie wir sie heute verstehen, die Ihre Wurzeln bereits im frühen Anfang des 20. Jahrhunderts haben. So waren es bereits zehn Jahre bevor London den Begriff der *planned obsolescence* prägte, führende Hersteller von Glühbirnen, die sich 1924 darauf einigten, die Lebensdauer ihrer Birnen auf tausend Stunden zu begrenzen und sich

---

[24] Vgl. London (1932), S. 4 ff.

somit dauerhafte Abverkäufe zu sichern.[25] Dieses Kartell wurde allerdings in den 1940er Jahren aufgedeckt und die künstliche Begrenzung der Glühbirnen verboten, was jedoch nichts daran änderte, dass Glühbirnen seitdem nicht länger als tausend Stunden leuchteten.[26] Berichten zufolge existieren sogar Patente für Glühbirnen, die eine Brenndauer von 100.000 Stunden versprechen. Jedoch wurden diese Patente, so heißt es, von Marktführern aufgekauft und bewusst unter Verschluss gehalten.[27]

Gut zehn Jahre nach der Bildung dieses sogenannten *Phöbus-Kartells*[28] äußerte sich Leon Kelley, zu seiner Zeit leitender Angestellter bei der Firma *Fishler, Zealand & Co.*, in einem Artikel in Bezug auf die Dauerhaftigkeit von Gebrauchsgütern und beschrieb den Umstand, dass die Menschen von je her die Vorstellung haben, dass die Dauerhaftigkeit eines Produktes eine positive Eigenschaft sei und sich die Werbung dies insofern zu Nutze mache, indem sie stets die Dauerhaftigkeit ihrer Produkte anpreise. Kelley war dagegen der Auffassung, dass diese Denkweise überholt sei und der durchschnittliche Verbraucher sich eher nach Abwechslung sehne, anstatt nach Produkten, die ein Leben lang halten. So kommt er zu dem Schluss, dass es Aufgabe der Wirtschaft sei, die Dauerhaftigkeit von Produkten zu verkürzen und so die Zahl der Wiederbeschaffungskäufe zu erhöhen.[29] Und auch führende Köpfe aus der Industrie befassten sich bereits zu dieser Zeit mit der Thematik von bewusst verkürzten Lebenszyklen. So belegen Protokolle eines Gerichtsverfahrens gegen den U.S.-amerikanischen Konzern General Electrics aus den 30er Jahren, dass dieser vorsätzlich die Lebensdauer von Blitzlichtlampen durch die Erhöhung der Wattleistung, begrenzen wollte. Verschiedene Dokumente und Absprachen mit weiteren Lampenherstellern, seitens General Electric, bewiesen, dass das Unternehmen eine Verkürzung der Lebensdauer von 1.000 auf 750 Stunden und in einem anderen Fall von 300 auf 200 Stunden vorgenommen hatte, wodurch sich das Unternehmen eine 60-prozentige Absatzsteigerung versprach.[30] Und auch an der Automobilbranche ging diese Entwicklung nicht spurlos vorbei. So wurde bereits im Jahre 1934 der Wunsch

---

[25] Vgl. Stiftung Warentest (2013), S. 59.
[26] Vgl. Marsiske (2012), S. 76.
[27] Vgl. Poprawa (2012).
[28] Vgl. Lasch (2012), S. 23.
[29] Vgl. Packard (1964), S. 64 f.
[30] Vgl. Packard (1964), S. 65 f.

geäußert, „Autos mit begrenzter Lebensdauer" oder „Lastwageneinzelteile auf kontrollierbaren und unmerklichen Verschleiß hin zu bauen".[31]

Ein weiteres praktisches Beispiel aus den 40er Jahren des letzten Jahrhunderts ist die künstliche Verkürzung der Haltbarkeit von Nylonstrumpfhosen. Zuvor hatte das Unternehmen DuPont es geschafft, diese so zu produzieren, dass sie so gut wie keine Laufmaschen bildeten und so wesentlich länger hielten. Schnell merkte das Unternehmen allerdings, dass dadurch die Absatzzahlen sanken und die Frauen weniger häufig neue Strumpfhosen kauften. So entschloss sich das Unternehmen, durch die Anwendung chemischer Prozesse die Nutzungsdauer der Strumpfhosen gezielt zu verkürzen. Um jedoch zu verhindern, dass die Käufer diese absichtliche Obsoleszenz wahrnahmen, vollzog das Unternehmen diesen Prozess schrittweise, und die Strumpfhosen wurden im Laufe der Zeit immer feiner und empfindlicher.[32]

Eine theoretische Betrachtung der geplanten Obsoleszenz wurde erstmals 1947 von Paul M. Gregory durchgeführt, der den Begriff der *purposeful obsolescence*, also der *gezielten Obsoleszenz* mit einer Produktstrategie der Hersteller in Verbindung brachte.[33] Ausführlicher mit der Thematik setzte sich der Publizist Vance Packard in seinem Werk *The Waste Makers* von 1960 auseinander. Packard äußerte sich äußerst kritisch zu der Entwicklung von geplantem Verschleiß und der damit einhergehenden Verkürzung von Produktlebenszyklen. So beschreibt er den Aufruhr, der zu dieser Zeit durch die Medien ging, wobei diverse Zeitungen und Zeitschriften über die Ziele der Unternehmen berichteten, ihre Absatzzahlen durch den Einsatz geplanter Obsoleszenz zu steigern und die Verbraucher so zum regelmäßigen Konsum zu zwingen. Er zitiert unter anderem den Chefredakteur der Fachzeitschrift *Product Engineering*, der von Produkten berichtet, die gerade mal so den Versand überlebten und deren Instandhaltung so aufwendig wäre, dass eine Neuanschaffung deutlich einfacher sei. Als weiteres Beispiel führt Packard einen Artikel in der Zeitschrift *Design News* auf. Hier stellt der Redakteur E.S. Safford einen Ingenieur von Kofferradios zur Rede, ob es denn moralisch vertretbar sei, ein Produkt bewusst so zu konstruieren, dass es nach einer bestimmten Nutzungsdauer versage, woraufhin dieser sich damit verteidigt, dass

---

[31] Packard (1964), S. 66.
[32] Vgl. Kreiß (2014), S. 39 f.
[33] Vgl. Gregory (1947), S. 24.

der Markt längst übersättigt wäre, wenn die Radios volle zehn Jahre halten würden und außerdem den Nutzern in der Zwischenzeit der technische Fortschritt verwehrt bliebe. Der Umsatz, der dadurch generiert werde, sei notwendig, so argumentiert er weiter, um die Einnahmen in die Entwicklung besserer Leistung zu investieren. Der Redakteur Safford attestiert der geplanten Obsoleszenz in diesem Zusammenhang zwar die Fähigkeit „einer der größten Auftriebskräfte für die amerikanische Wirtschaft seit der Einführung der Ratenzahlung zu werden"[34], verlangt aber gleichzeitig, das Konzept ethisch zu hinterfragen.[35]

2.3 Ursachen kürzerer Produktlebenszyklen

Wie bereits eingangs erläutert, sind bereits seit dem frühen 20. Jahrhundert viele Märkte gesättigt und so müssen die größtenteils nach Renditemaximierung strebenden Unternehmen immer neue Absatzwege und -möglichkeiten finden, um ihre Absatzzahlen und ihren Umsatz zu steigern.[36] So ist seit Jahren eine zunehmende Tendenz hin zu immer kürzer werdenden Produktlebenszyklen zu betrachten, was aber in der Öffentlichkeit kaum hinterfragt wird. So wird diese Entwicklung oft damit begründet, dass diese aus der Dynamik und dem stetigen technologischen Fortschritt der heutigen Zeit resultiere. Es geht dabei aber auch um die Tatsache, dass ein früher Markteintritt mit einem Produkt, aufgrund von verkürzten Entwicklungs- und Markteinführungsprozessen, Vorteile für die Unternehmen haben kann, wie z.B. die frühzeitige Sicherung hoher Marktanteile und die Bildung von Markteintrittsbarrieren. Auch dies stellt eine Ursache dar, warum Hersteller die Forschung und Entwicklung mit höchstmöglicher Geschwindigkeit vorantreiben, was wiederum zu verkürzten Lebenszyklen führt. Ein weiterer Faktor, der die Verkürzung von Lebenszyklen begünstigt, ist die Tatsache, dass es neue Kommunikations- und Informationstechnologien, wie das Internet oder Smartphones, ermöglichen, über neue Produkte und Features in kürzester Zeit und mit einer enormen Reichweite zu informieren, wodurch eine Markteinführung deutlich schneller vollzogen werden kann

---

[34] Packard (1964), S. 70.
[35] Vgl. Packard (1964), S. 68 ff.
[36] Vgl. Kreiß (2014), S. 132.

als noch vor ein paar Jahren.[37] Da die Produktinnovationszyklen gerade in der Branche der Unterhaltungselektronik bei teilweise unter einem Jahr liegen, werden außerdem oft keine ausführlichen Volltests der Software durchgeführt, welche ca. 15 Arbeitswochen benötigen. Um die Phase der Entwicklung der Produkte zu verkürzen und die neuen Produkte schneller auf den Markt zu bringen, wird die Testdauer von den Herstellern in vielen Fällen auf etwa 3 Wochen herabgesenkt, wodurch es jedoch häufig zu Softwarefehlern kommt.[38] Generell werden möglichst realitätsnahe Testphasen in vielen Branchen durch schnelle Entwicklungszeiten erschwert, und eine sorgfältige Erprobung der Produkte stößt schnell an ihre zeitlichen Grenzen.[39]

Neben diversen weiteren Gründen lassen sich aber vor allem vier Aspekte bzw. Umstände zusammenfassen, die die Hersteller zu immer kürzer werdenden Produktlebenszyklen zwingen, um an den umkämpften Märkten bestehen zu können:[40]

1. Gesättigte Märkte und Überkapazitäten
2. Unübersichtliche bzw. intransparente Märkte
3. Starke Gewinn- bzw. Kapitalmarktorientierung der Hersteller
4. Fragwürdige ethische Einstellung des Managements

Auch wenn die Ursachen hauptsächlich externer Natur sind und in erster Linie aus der Wettbewerbsdynamik und dem zunehmenden Wettbewerbsdruck resultieren, sind die Unternehmen in hohem Maße selbst für ihre Innovations- und Angebotsentscheidungen verantwortlich, wobei der Faktor Zeit allerdings einen zentralen Wettbewerbsfaktor darstellt.[41] Auffällig ist hierbei auch, dass vor allem die Unternehmen, die stark kapitalmarktorientiert sind, kalkuliert vorgehen und den Anschein erwecken lassen, ihre Lebenszyklen zu planen.[42] Trotz alledem sind es weniger die einzelnen Unternehmen, die die Lebensdauer ihrer Produkte bestimmen, sondern vielmehr ergibt sich diese aus der Wettbewerbsdynamik. Selbst wenn ein Unternehmen eine lange Lebensdauer für ein Produkt plant, kann der Wettbewerb

---

[37] Vgl. Fischer (2001), S. 85 ff.
[38] Vgl. Prakash et al. (2016), S. 28.
[39] Vgl. Woidasky (2015), S. 116.
[40] Vgl. Kreiß (2014), S. 21.
[41] Vgl. Fischer (2001), S. 125
[42] Vgl. Peters (2013).

dieses durch innovative Neueinführungen obsolet werden lassen. Durch die Globalisierung hat diese Dynamik noch weiter zugenommen, und die Innovationszyklen wurden weiter verkürzt. Die kurzen Produktlebenszyklen entsprechen dem Interesse der Unternehmen nach mehr Profit und dem Wunsch der Konsumenten nach immer Neuem.[43]

2.4 Gibt es geplante Obsoleszenz?

In der deutschsprachigen Literatur war es zunächst Burkhardt Röper, der sich umfassend mit der Theorie der geplanten Obsoleszenz auseinandersetzte. In seinem 1976 erschienenen Gutachten mit dem Titel *Gibt es geplanten Verscheiß?*, welches 1971 von der vom Bundestag berufenen Kommission für wirtschaftlichen und sozialen Wandel in Auftrag gegeben wurde, versuchte er zunächst die Frage nach der Existenz von geplantem Verschleiß zu klären. Dabei sollten vor allem die Fragen beantwortet werden, welche Rolle die von Packard und anderen amerikanischen Autoren genannten Beispiele innerhalb der Bundesrepublik spielen, wo die Grenze zwischen geplantem Verschleiß und allgemeinen unternehmerischen Absatzmethoden, wie der Qualitätsgestaltung und der Produktpolitik, liegen sowie der Frage, ob ein geplanter Verschleiß überhaupt gegenüber den Konsumenten durchzusetzen ist. Zunächst einmal benennt er die These von Verbrauchern und Sozialkritikern, dass es sich beim geplanten Verschleiß zur Verkürzung der Lebensdauer von Gebrauchsgütern um eine geheime Absatzstrategie der Hersteller handele, die jedoch dem Konsumenten verborgen bliebe, da er sonst zu anderen Produkten greifen würde. Die Argumentationen der Sozialkritiker könnten jedoch nicht durch empirische Beweise belegt werden und stützten sich lediglich auf Beobachtungen aus den USA, die wie z.B. durch Vance Packard verbreitet wurden. Wissenschaftlich und juristisch wurde das Thema ihm zufolge bislang jedoch kaum untersucht.[44] Weiterhin führt Röper in seinem Gutachten auf, dass die unterschiedlichen vorhandenen Definitionen Schwierigkeiten in der Abgrenzung des Begriffes aufweisen und zum Teil auch unterschiedliche Tatbestände beschreiben. Außerdem hätten die Definitionen immer auch einen sozialkritischen Unterton und würden implizieren, dass der Verbraucher durch

---

[43] Vgl. Kurz (2015), S. 67.
[44] Vgl. Röper (1976), S. 1 ff.

geplante Obsoleszenz geschädigt und zu Mehrausgaben gezwungen werde, obwohl der Begriff auch, wie bereits erwähnt, wertneutral verstanden werden kann.[45]

Röper sieht als Voraussetzung für funktionierende Obsoleszenzstrategien, dass der Verbraucher keine Möglichkeit haben darf, auf Substitutionsprodukte auszuweichen, auch wenn er von kurzlebigen Produkten enttäuscht sei. Diese Voraussetzung sieht er nur dann gegeben, wenn ein Hersteller über eine gewisse Monopolstellung verfügt oder wenn sich mehrere Oligopolisten zu einem Kartell zusammenschließen. Dies hält er allerdings für irreale Modellbedingungen, die in der Realität kaum gegeben und bei einer hinreichenden Kartellaufsicht nicht anwendbar sind.[46] Er kommt zudem nach zahlreichen Untersuchungen und Beispielen von Produkten zu dem Schluss, dass es keine Belege für geplanten Verschleiß als Mittel zur Steigerung des Absatzes gäbe, der sich negativ auf die Verbraucherinteressen auswirke. Die Problematik bestünde ihm zufolge eher darin, die optimale Lebensdauer in Hinblick auf die Erwartungen und das Nutzungsverhalten der Verbraucher zu ermitteln und darin, dass die Konsumenten ihre Produkte im Rahmen ihrer finanziellen Möglichkeiten wählen und somit häufig zu günstigeren und dementsprechend kurzlebigeren Produkten greifen würden.[47]

Karl-Heinz Hillmann äußert sich 1977 in einer Ausgabe der Zeitschrift für Verbraucherpolitik (heute Journal of Consumer Policy) kritisch zu den Ergebnissen von Röper. So stellt er fest, dass dieser als Ergebnis zwar die Existenz von geplanter Obsoleszenz als gezielte Maßnahme der Hersteller verneint, die Fakten, die er in seiner Untersuchung zusammenträgt, jedoch das Gegenteil beweisen. Darüber hinaus betrachtet er die Aussage als widersprüchlich, einerseits gegenwärtig kein Beispiel für geplanten Verschleiß ermitteln zu können, später aber wirtschaftspolitische Konsequenzen zur Einschränkung von geplantem Verschleiß zu empfehlen. Er vermutet, dass durch die Veröffentlichung versucht wurde, das Thema als sozialkritisch aufgebläht und wissenschaftlich nicht fundiert abzutun.[48]

Obwohl die Diskussionen um die Thematik der geplanten Obsoleszenz schon etliche Jahrzehnte zurückreichen, ist die Datengrundlage bislang sehr lückenhaft und es

---

[45] Vgl. Röper (1976), S. 12 ff.
[46] Vgl. Röper (1976), S. 90 f.
[47] Vgl. Röper (1976), S. 313 ff.
[48] Vgl. Hillmann (1977), S. 48 ff.

existieren kaum wissenschaftliche Ausarbeitungen oder aussagekräftige Studien, die sich mit der Thematik auseinandersetzen. Erste Versuche, die Umfänge der geplanten Obsoleszenz wissenschaftlich fundiert zu untersuchen und somit eine verlässliche Datengrundlage bezüglich der durchschnittlichen Produktlebens- und Nutzungsdauer zu bilden, wurden durch die Forscher Siddharth Prakash, Günther Dehoust, Martin Gsell und Tobias Schleicher durchgeführt. Diese veröffentlichten im Auftrag des Umweltbundesamtes im Februar 2016 eine ausführliche Studie zum Einfluss der Nutzungsdauer von Produkten auf die Umwelt. Hierzu wurden umfangreiche statistische Daten erhoben, um so die durchschnittliche Nutzungsdauer von Elektrogeräten zu analysieren und Trends zu analysieren. Außerdem galt es die Ursachen systematisch darzustellen sowie die Ökobilanz langlebiger und kurzlebiger Produkte miteinander zu vergleichen, um so schlussendlich Strategien und Maßnahmen zur Bekämpfung der geplanten Obsoleszenz und so die Verlängerung von Produktlebens- sowie Nutzungszyklen zu erreichen.[49] Die verschiedenen Ergebnisse und Erkenntnisse dieser Studie werden auch in den folgenden Kapiteln an entsprechenden Stellen mehrfach aufgeführt. Auch wenn der Studie zufolge diverse Statistiken dafürsprechen, dass die Nutzungs- und Lebenszyklen von Produkten durch die Hersteller künstlich verkürzt werden, stellen die Autoren zu Beginn der Studie fest, dass die Vorwürfe vom bewussten Einbau von Schwachstellen oder einer Designmanipulation nicht bestätigt werden konnten.[50] Und auch die Stiftung Warentest hat sich in einer umfassenden Studie mit der Thematik der geplanten Obsoleszenz beschäftigt und kam dabei zu einem ähnlichen Ergebnis. Zunächst wird zwar anhand einer Fülle von Beispielen dargestellt, dass in zahlreichen Fällen die Produktlebenszeit sowie die Reparierbarkeit von Produkten begrenzt wurde, jedoch heißt es im gleichen Atemzug innerhalb des Artikels, dass die Testergebnisse der Stiftung Warentest keine Hinweise für eine gezielte Obsoleszenz oder den bewussten Einbau von sogenannten Sollbruchstellen liefern.[51] Das Problem ist jedoch auch, dass viele Produktgruppen, vor allem Elektronikgeräte wie Fernseher, Notebooks oder Handys, keinen Dauertests unterzogen werden, da um z.B. die Nutzung eines

---

[49] Vgl. Prakash et al. (2016), S. 22 ff.
[50] Vgl. Prakash et al. (2016), S. 32.
[51] Vgl. Stiftung Warentest (2013), S. 58 ff.

Fernsehers von sieben Jahren zu simulieren das Gerät knapp eineinhalb Jahre im Labor laufen müsste und viele Modelle bis dahin bereits überholt und nicht mehr auf dem Markt verfügbar wären.[52]

Somit herrscht in der Literatur seit dem Aufkommen der Thematik sowie auch in aktuellen Studien und Untersuchungen kein gemeingültiger Konsens über die Existenz von geplanter Obsoleszenz im Sinne von bewusst verkürzten Lebens- bzw. Nutzungszyklen von Produkten seitens der Hersteller, die zur gezielten Steigerung des Absatzes dienen sollen. In den folgenden Kapiteln soll daher dieser Frage weiter nachgegangen und versucht werden, diverse Belege und Beispiele zu finden, die für eine Existenz von geplanter Obsoleszenz sprechen.

2.5 Möglichkeiten zur gezielten Einflussnahme auf die Lebensdauer von Produkten seitens der Hersteller

Grundsätzlich lassen sich fünf verschiedene Maßnahmen unterscheiden, die den Konsumenten zum vorzeitigen Neukauf eines Gebrauchsgutes zwingen:[53]

1. Zwang zum Neukauf über genau festgelegte Produktlebensdauer
2. Neukauf aufgrund mangelnder oder überteuerter Ersatzteile
3. Neukauf aufgrund von Modell- oder Modezyklen
4. Zwang zum Neukauf über Verbrauchsbeschleuniger
5. Drang zu Zusatzkäufen aufgrund mangelnder Features

So ist es zum Beispiel über regelmäßige Softwareupdates möglich, mit jedem Update die Hardwareanforderungen an ein Gerät zu erhöhen, wodurch ein Gerät, beim Durchführen von regelmäßigen Updates, auf Dauer immer langsamer werden kann, bis es irgendwann nicht mehr zu gebrauchen ist. So wird zum Beispiel Apple vorgeworfen, dass diese die regelmäßigen Updates zur Verbesserung der Software ihrer Produkte offenbar gezielt nutzen, um ältere Geräte unbrauchbar zu machen bzw. technisch verschleißen zu lassen und so die Verbraucher zum Kauf neuerer Geräte zu zwingen. Auch andere Hersteller von Mobiltelefonen oder auch Hersteller von

---

[52] Vgl. Primus (2015), S. 43.
[53] Vgl. Kreiß (2014), S. 33.

Navigationsgeräten stehen in der Kritik, mittels Software-Updates ihre Produkte gezielt zu verlangsamen bzw. in manchen Fällen sogar komplett unbrauchbar zu machen. Oft mangelt es z.b. auch bei den sogenannten Apps oder bei Betriebssystemen an einer Abwärtskompatibilität der Software, so dass entweder neue Apps nicht mit einem alten Betriebssystem kompatibel sind oder umgekehrt.[54]

Ein weiteres Beispiel der Firma Apple zur bewussten Einflussnahme auf die Haltbarkeit ihrer Produkte ist der Einsatz von nicht austauschbaren Akkus, deren Lebensdauer auf einen Zeitraum von 18 Monaten beschränkt ist. Dies macht es dem Verbraucher quasi unmöglich den Akku zu tauschen oder es ist mit erheblichen Kosten verbunden, was den Konsumenten dazu bewegen soll ein neues Produkt zu kaufen, anstatt das andere, bis dahin auch technisch überholte Produkt, zu reparieren.[55] Der Anteil dieser fest verbauten Akkus hat zudem in den letzten Jahren rasant zugenommen. Während 2010 gerade einmal 4 von 100 Handys mit festverbautem Akkus geliefert wurden, waren es 2013 schon ganze 36 %.[56]

Eine weitere Praktik von Geräteherstellern zur gezielten Verkürzung der Produktlebenszeit wird den Herstellern von Druckern vorgeworfen, welche Zähler in ihre Geräte einbauen würden, die bewirken, dass der Drucker nach einer gewissen Laufzeit einen Defekt vorgibt. Dieser lässt sich mit etwas Hintergrundwissen problemlos beheben, indem der entsprechende Zähler einfach zurückgesetzt wird. Obwohl bereits zahlreiche Experten diese Praktik nachweisen konnten, leugnen die Hersteller dies jedoch bis heute gänzlich.[57] Von Seiten der Industrie wird dem entgegnet, dass bei preiswerten Druckern, die Resttinte in einem Auffangschwämmchen gesammelt wird. Nach einer gewissen Anzahl von Reinigungsvorgängen wird dann die entsprechende Fehlermeldung ausgegeben, um zu verhindern, dass die Schwämmchen überlaufen.[58] So wird argumentiert, dass es sich um einen rein technischen Aspekt handelt und nicht darum, dass die Lebensdauer der Drucker gezielt verkürzt wird. An der New York University wurde jedoch kürzlich ebenfalls eine Software entwickelt, die auf die Verkürzung der Lebensdauer von

---

[54] Vgl. Schulze (2015) sowie Kreiß (2014), S. 30.
[55] Vgl. Schmidt (2013), S.48.
[56] Vgl. Stiftung Warentest (2013), S. 63.
[57] Vgl. Kreiß (2014), S. 42 und 76 f.
[58] Vgl. Wölbert (2016), S. 62 f.

Geräten abzielt. Diese sorgt dafür, dass Schaltkreise in technischen Geräten schneller altern und so bereits nach kurzer Zeit nicht mehr zu gebrauchen sind. Allerdings soll der hierfür entwickelte Chip in handelsüblichen Produkten bislang noch nicht zum Einsatz gekommen sein.[59] Jedoch befürchtet auch der Bundesverband der Verbraucherzentralen, dass je mehr Software in Elektrogeräten verbaut wird, desto schwieriger es für die Verbraucher werden wird, zu erkennen, ob Verschleiß oder Sollbruchstellen programmiert werden.[60]

Und die Kreativität der Hersteller nimmt kein Ende. So schildert der Physiker Wolfgang Heckl in seinem 2013 erschienenen Buch *Die Kultur der Reparatur* zahlreiche Beispiele für Produkte, bei denen die Hersteller durch gezielte Maßnahmen die Reparierbarkeit von Produkten erschweren oder in vielen Fällen quasi unmöglich machen.[61] Ähnliche Fälle schildert auch die Stiftung Warentest in ihrer Ausgabe vom September 2013. Hier ist z.B. von Geräten die Rede, deren Gehäuse fest verklebt und so eine Reparatur nicht möglich ist. Weitere Beispiele sind Hürden durch die Notwendigkeit von Spezialwerkzeug oder auch mangelnde Ersatzteilversorgung sowie das bereits aufgeführte Beispiel der fest verbauten Akkus. Auch Schuhe, deren Sohlen so befestigt wurden, dass diese nicht ausgetauscht werden können, nennt Stiftung Warentest als Beispiel.[62] All diese Maßnahmen dienen dazu, die Reparatur der Geräte zu erschweren und so die Nutzer dazu zu bewegen, statt eine aufwendige Reparatur vorzunehmen oder ggf. durchführen zu lassen, ein neues Produkt zu kaufen und somit das Altgerät obsolet werden zu lassen. Außerdem kann die sogenannte vorbeugende Wartung, dazu führen, dass die Lebensdauer bestimmter Bauteile bzw. Komponenten frühzeitig beendet wird, da diese in vielen Fällen zum Zeitpunkt des Austauschs noch voll funktionsfähig sind. So werden z.B. bei Automobilen im Zuge der durch den Hersteller empfohlenen Service-Intervallen beispielsweise Keilriemen oder Bremsflüssigkeit ausgetauscht, die womöglich noch etliche Kilometer hätten gebraucht werden können.[63] Ein weiteres Beispiel im Bereich der Kraftfahrzeuge sind moderne Beleuchtungsanlagen. War es früher sogar für einen Laien noch möglich, ohne

---

[59] Vgl. Floemer (2016).
[60] Vgl. Schultze; Petermann (2016).
[61] Vgl. Heckl (2013) S. 5 ff.
[62] Vgl. Stiftung Warentest (2013), S. 58 ff.
[63] Vgl. Blankenbach (2015), S. 122 f.

weiteres eine defekte Birne in der Scheinwerferanlage auszutauschen, so muss heute in vielen Fällen die komplette Scheinwerfereinheit kostspielig in der Werkstatt ausgetauscht werden.[64] So werden Bauteile, die eigentlich voll funktionsfähig sind, mitausgetauscht, obwohl es unter Umständen möglich gewesen wäre, die Scheinwerferanlage so zu konstruieren, dass die einzelne Birne hätte ausgetauscht werden können.

Eine weitere Möglichkeit zur Verkürzung der Lebensdauer eines Produktes stellt der Einsatz von sogenannten Verbrauchsbeschleunigern dar. Hierbei wird durch verschiedene Maßnahmen bewirkt, dass ein Produkt schneller aufgebraucht und somit schneller ein Neukauf veranlasst wird. So begann der Konsumgüterproduzent Colgate-Palmolive bereits vor Jahrzehnten damit die Tubenöffnungen seiner Zahnpastatuben zu vergrößern. Diese Maßnahme führte zu einer Umsatzsteigerung von ganzen 30 %. Der Grund hierfür ist, dass die Verbraucher durch die größeren Öffnungen ungewollt mehr Zahnpasta auftragen und so der Verbrauch zunimmt. Die Tuben sind schneller leer, und die Lebensdauer der Tube wird verkürzt. Andere Hersteller folgten diesem Beispiel, und so sind mittlerweile fast alle Tuben mit großen Öffnungen versehen.[65]

Unter Verbraucherschützern wird seit längerem auch über Sinn und Zweckmäßigkeit des Mindesthaltbarkeitsdatums diskutiert. Der Hintergrund ist der, dass dieses Datum in den Augen vieler Konsumenten suggeriert, dass das Produkt bei Erreichen des Verfallsdatums abgelaufen sei.[66] Und auch hier besteht für die Industrie die Möglichkeit der gezielten Einflussnahme auf die Lebensdauer von Produkten. So kommt ein Gutachten im Auftrag der Bundestagsfraktion Bündnis 90 / Die Grünen zu der Erkenntnis, dass auch nur eine geringfügige Verringerung dieses Mindesthaltbarkeitsdatums zu einem nennenswerten Mehrumsatz für die Lebensmittelhersteller führen kann.[67] Daraus resultiert aber auch, dass massenweise Lebensmittel in der Mülltonne landen, die eigentlich noch ohne weiteres genießbar

---

[64] Vgl. Noe (2013).
[65] Vgl. Kreiß (2014), S. 51 f.
[66] Vgl. Roth (2014) sowie Greiner (2016).
[67] Vgl. Schridde; Kreiß (2013), S. 60.

gewesen wären. So werden Berichten zufolge alleine in der EU jährlich 89 Millionen Tonnen Lebensmittel weggeworfen.[68]

---

[68] Vgl. Roth (2014).

3. Physische Obsoleszenz

Die wohl umstrittenste Maßnahme zur Verkürzung der Lebens- bzw. Nutzungsdauer sowie der Intervalle bis zum Neukauf eines Produktes, ist die sogenannte physische Obsoleszenz, also der geplante körperliche Verschleiß von Produkten, welcher bereits zuvor ausführlich beschrieben und definiert wurde. Im folgenden Kapitel sollen anhand von Beispielen verschiedene Möglichkeiten zur Verkürzung der Lebensdauer mittels physischer Obsoleszenz und der Verwendung von Sollbruchstellen und ähnlichen Methoden aufgezeigt werden.

3.1 Mangelnde Qualität, Sollbruchstellen und weitere Maßnahmen physischer Obsoleszenz

Die bereits eingangs beschriebene Annahme, Hersteller könnten bewusst Schwachstellen in Ihre Produkte einbauen, um die Haltbarkeit zu verkürzen und die Nutzer zum Neukauf zu zwingen, soll in diesem Kapitel nun genauer geprüft und auf deren Wahrheitsgehalt hin untersucht werden. In der Literatur wird in diesem Zusammenhang häufig von sogenannten *Sollbruchstellen* gesprochen, wobei es sich um eine Art gezielte Sabotage von Produkten handeln soll.[69]

Erste Belege lassen sich bereits in einer 1928 erschienenen Werbefachzeitschrift finden, in der es heißt: „Ein Artikel, der nicht verschleißt, ist eine Tragödie fürs Geschäft".[70] Weitere Nachweise von früher physischer Obsoleszenz sind auf die amerikanische Automobilindustrie der 1950er Jahre zurückzuführen. So schildert Packard einen Bericht aus dem *Wall Street Journal* von 1959, indem Ingenieure davon berichten, dass die Haltbarkeit von Reifen bewusst drastisch verkürzt wurde.[71]

Die Schweizer Stiftung für Konsumentenschutz kommt in einer 2013 durchgeführten Auswertung zur dem Ergebnis, dass es vor allem IT-Produkte, Haushaltsgeräte und Geräte der Unterhaltungselektronik sind, die von Sollbruchstellen oder anderen

---

[69] Vgl. Kreiß (2014), S. 42 sowie Reuß (2015), S. 30.
[70] Heath (1928), S. 42.
[71] Vgl. Packard (1964), S. 107.

Methoden des gezielten Verschleißes betroffen sind. Auffällig ist aber auch, dass physische Obsoleszenz quasi in allen Branchen zu finden ist.[72] Besonders deutlich wird dies durch das Beispiel von Waschmaschinen. Hier hat sich die durchschnittliche Lebensdauer innerhalb der letzten zwei Jahrzehnte von etwa zwölf auf heute sechseinhalb Jahre beinahe halbiert. Manche Billiggeräte halten heute sogar gerade einmal 3 Jahre.[73] Der Grund hierfür ist oft eine defekte Heizspirale. Dieses Bauteil ist in jeder Waschmaschine vorhanden und seit rund 30 Jahren zu Ende entwickelt. Auffällig ist jedoch, dass sich die Reparaturhäufigkeit dieses Bauteils in diesem Zeitraum verfünffacht hat.[74] Hier liegt der Verdacht nahe, dass dieses Element mittlerweile so gestaltet wird, dass es weniger haltbar ist als noch vor 30 Jahren. Auffällig ist auch, dass sich der Anteil von Haushaltsgroßgeräten, die innerhalb der ersten 5 Jahre aufgrund eines Defektes ausgetauscht wurden, von 3,5 % in 2004 auf 8,3 % in 2012 mehr als verdoppelt hat. Und auch die durchschnittliche Lebensdauer von Waschmaschinen ist in dem gleichen Zeitraum deutlich zurückgegangen. Betrug deren durchschnittliches Alter im Jahr 2004 noch 16 Jahre, waren es in 2013 nur noch durchschnittlich 13,7 Jahre, wobei dieser Trend über alle Marken hinweg zu beobachten war.[75]

Mit der Frage, ob es überhaupt möglich ist, einzelne Bauteile so zu integrieren, dass nach einer gewissen Nutzungsdauer ein geplanter Defekt auftritt, hat sich Christian Kreiß auseinandergesetzt, der zu dem Schluss kommt, dass Ingenieure sehr genau einschätzen können, welche Bauteile wie lange halten und es so für sie ein Leichtes wäre, bestimmte Bauteile zu verbauen, die eine geringere Haltbarkeit haben.[76] Und die Liste der Möglichkeiten, solche Sollbruchstellen in Produkte einzubauen, ist anscheinend endlos. So veröffentlichte die Schweizer Stiftung für Konsumentenschutz im Jahre 2013 ein Dossier zum Thema geplanter Verschleiß, in dem sie eine Übersicht über gängige Formen von physischer Obsoleszenz und zahlreiche entsprechende Beispiele aufführte. Besonders häufig kommen laut der Stiftung

---

[72] Vgl. Stiftung für Konsumentenschutz (2013), S. 4.
[73] Vgl. o.V. (2012): Geräte haben eingebautes Ablaufdatum.
[74] Vgl. Knauß (2014).
[75] Vgl. Prakash et al. (2016), S. 24.
[76] Vgl. Kreiß (2014), S. 35.

Elektrolytkondensatoren zum Einsatz, die aber aufgrund ihrer Unterdimensionierung, also einer unzureichenden Leistung, nicht für die entsprechende Nutzung ausgelegt sind und somit nach einer gewissen Nutzungsdauer kaputtgehen. Die Ermittlung passender Elektrolytkondensatoren ist laut der Stiftung für den Hersteller sehr genau möglich, und der Einsatz von leistungsstärkeren Elementen koste in der Regel nur wenige Cents mehr. Oft werden diese auch an untauglichen Stellen im Geräteinneren platziert, wodurch sie schnell überhitzen und das Gerät unbrauchbar machen, obwohl bei nahezu allen bemängelten Geräten genügend Platz an anderen Stellen gewesen wäre, die Kondensatoren dort zu platzieren. Auch der Einsatz von anderen Schwachstellen in der Konstruktion oder von ungeeigneten oder billigen Materialien stellt der Studie zufolge keine Seltenheit dar. So ist z.B. die Rede von Teilen, die aus Kunststoff gefertigt werden und somit schnell brechen. Oft sind das Elemente, die für die Nutzung erforderlich sind, so dass das Gerät nicht mehr verwendet werden kann. Die Kosten für hochwertigere Teile liegen oft ebenso bei wenigen Cent.[77] Das Problem hierbei ist jedoch auch die schlechte Reparierbarkeit der Produkte. So ist es z.B. bei Elektrolytkondensatoren der Fall, dass diese oft nicht ohne weiteres ersetzt werden können. Hinzu kommt, dass diese in Plastik eingegossen sind, wodurch ganze Bauteile ersetzt werden müssen. Hierdurch kann es passieren, dass die Reparaturkosten beinahe so hoch sind wie der Neupreis des Geräts. Und auch bei den minderwertigen Bauteilen, die oft aus Kunststoff gefertigt werden anstatt z.B. aus Metall, mangelt es oft an der Ersatzteilversorgung. Hier werden entweder überhöhte Preise für Ersatzteile gefordert oder aber die Teile sind überhaupt nicht lieferbar.[78] In vielen Fällen übersteigt der Preis der Reparatur sogar den Neupreis des gesamten Gerätes. Während die Geräte in Niedriglohnländern in automatisierten Prozessen gefertigt werden, müssen bei einer Reparatur hierzulande gut bezahlte Fachkräfte ans Werk, wodurch die Kosten für eine Reparatur in die Höhe schießen. Technikern der Online-Plattform Golem.de zufolge wird aufgrund dieser Tatsachen heute beispielsweise im Bereich der Fernsehgeräte lediglich eins von zehn Geräten zur Reparatur in Auftrag gegeben.[79] So nutzen die Händler die Sollbruchstellen zum einen aus, um den Nutzer

---

[77] Vgl. Stiftung für Konsumentenschutz (2013), S. 3 ff.
[78] Vgl. Stiftung für Konsumentenschutz (2013), S. 8 ff.
[79] Vgl. Noe (2012).

zum Neukauf zu zwingen, oder aber um Ersatzteile teuer zu verkaufen und durch die Reparatur der Produkte nochmals ordentlich zu verdienen.[80]

Und auch in der Textil- und Bekleidungsbranche ist es heute offensichtlich gängige Praxis bei vielen Textilien kurzfaserige und somit minderwertige Baumwollfasern zu verwenden, was z.B. die Haltbarkeit von Hosen deutlich vermindert. Auch Schuhsohlen oder Polstermöbel werden anscheinend bewusst so fabriziert, dass deren Haltbarkeit deutlich verkürzt wird und in vielen Fällen eine Reparatur nicht möglich ist.[81]

In vielen Fällen ist allerdings nicht eindeutig zu belegen, dass es sich um geplante Maßnahmen handelt, die zum vorzeitigen Ausfall einzelner Bauteile und so zur Verkürzung der Nutzungsdauer von Produkten führen. Häufig sind es aber auch unzureichende Qualitätsanforderungen oder Zeit- und Kostendruck, die zu der mangelhaften Qualität der Produkte führen. Oftmals werden z.B. einzelne Komponenten während der Fertigung nicht ausreichend auf deren Langlebigkeit geprüft, oder die tatsächliche Belastung ist in der Realität höher als die Anforderungen, die als Maßstab für die Lebensdauer herangezogen werden.[82] In Elektromotoren z.B., die in fast allen elektrischen Haushaltsgeräten, wie z.B. in Staubsaugern, vorkommen, werden für die Stromversorgung Kohlebürsten verbaut. Diese verschleißen jedoch mit der Zeit und der Staubsauger wird unbrauchbar, da ein Austausch in vielen Fällen zu teuer ist. Die Stiftung Warentest ermittelte, dass in vier von fünf Fällen dieses kleine und vergleichsweise kostengünstige Verschleißteil für den Ausfall von Staubsaugern verantwortlich ist. In den restlichen 20 % der Fälle waren es gebrochene Bauteile, die zum Defekt führten.[83] Häufig werden auch Milchschäumer genannt, die nach sehr geringer Nutzungsdauer ihre Funktion nicht mehr erfüllen. So berichten Nutzer, dass sie mehrfach die Erfahrung gemacht haben, dass diese Geräte, egal ob günstig oder hochwertig, bereits nach einem halben Jahr nicht mehr funktionieren. Bei einer Nutzung von gerade einmal 20 bis 30 Sekunden täglich ergibt dies eine effektive Nutzungsdauer von gerade einmal 100 bis 150 Stunden. Versucht man die Ursache für

---

[80] Vgl. Kreiß (2014), S. 44.
[81] Vgl. Kreiß (2014), S. 41 sowie Stiftung für Konsumentenschutz (2013), S. 11 f.
[82] Vgl. Prakash et al. (2016), S. 35.
[83] Vgl. Primus (2015), S. 42.

den Ausfall zu ergründen, stellt sich heraus, dass auch hier der Schleifkontakt bzw. die Bürsten im Elektromotor verantwortlich sind. Da die begrenzte Lebensdauer dieser Bauteile bereits seit der Erfindung der Gleichstrommaschine im 19. Jahrhundert bekannt ist und nach Expertenmeinung nur ein zusätzlicher Materialaufwand in Höhe von 0,05 € notwendig wäre, um die Langlebigkeit dieses Produktes zu verbessern, liegt auch hier der Verdacht nahe, dass der frühe Verschleiß der Bürsten gewollt ist, auch wenn nicht eindeutig belegt werden kann, ob es sich um ein vorsätzliches Handeln zur Profitmaximierung oder um eine grobfahrlässige Konstruktion handelt.[84]

3.2 Häufig von physischer Obsoleszenz betroffene Produkte und Produktarten

Nachdem nun bereits einige Beispiele von angewandter physischer Obsoleszenz dargelegt wurden, gilt es im Folgenden zu erörtern, ob es Produkte oder Produktarten gibt, die besonders häufig von geplanter Obsoleszenz betroffen sind. Bei der Auswertung der bereits erwähnten Studie der Schweizer Stiftung für Konsumentenschutz wird deutlich, dass besonders Produkte der Informations- oder Kommunikationstechnologie sowie der Haushaltselektronik betroffen sind. Grundsätzlich gibt es aber der Studie zufolge keine Produktarten, die nicht von Obsoleszenz-Praktiken betroffen sind.[85]

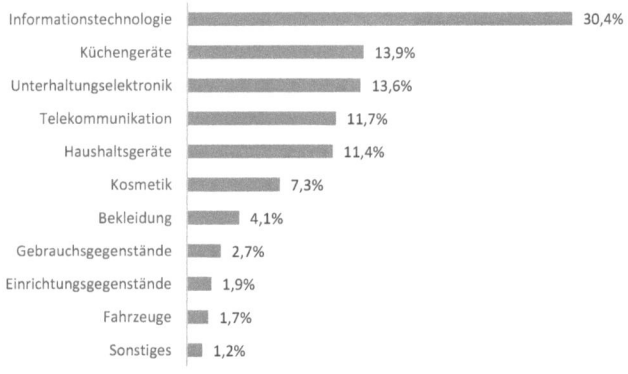

Abb. 2: Häufig betroffene Produktkategorien, eigene Darstellung in Anlehnung an: Stiftung für Konsumentenschutz (2013), S. 4.

---

[84] Vgl. Heidrich (2015), S. 150 ff.
[85] Vgl. Stiftung für Konsumentenschutz (2013), S. 4.

Bei der Studie wurden insgesamt 411 Verbrauchermeldungen zu frühzeitigen Produktdefekten ausgewertet und den diversen Produktkategorien zugeordnet. Neben den bereits genannten Kategorien waren auch Kosmetikartikel und Textilien sowie Möbel und Fahrzeuge betroffen. Als häufig vertretene Hersteller nennt die Studie die Elektronikhersteller HP, Apple und Samsung, führt dies aber auch darauf zurück, dass diese in der Schweiz eine sehr ausgeprägte Marktstellung innehaben und damit eine Vielzahl von Produkten im Umlauf sind.[86]

In diesem Zusammenhang ebenfalls erwähnenswert ist die Entwicklung der durchschnittlichen Lebensdauer einzelner Produktgruppen. Eine niederländische Studie aus dem Jahr 2012 hat sich mit der Entwicklung von Geräteverweildauern zwischen 2000 und 2010 beschäftigt und kommt dabei zu dem Ergebnis, dass sich die durchschnittliche Lebensdauer der betrachteten Produktgruppen jeweils um 4 bis 17 % verkürzt hat. Dabei ging vor allem die Lebensdauer von Bildschirmen stark zurück. Diese hielten 2010 im Schnitt ganze 17 % kürzer als es noch im Jahr 2000 der Fall war. Bei anderen Produktgruppen, wie kleinen Haushaltsgeräten (12 %), IT- und Telekommunikationsgeräten (10 %) sowie großen Haushaltsgeräten (7 %) und Kühl- und Gefriergeräten (4 %) wurden ebenfalls verkürzte Lebensdauern festgestellt.[87]

3.3   Optimierung von Produktnutzungszyklen

Ein häufiges Argument der Hersteller gegen die Anschuldigungen, sie würden ihre Produkte bewusst so konstruieren, dass sie schneller versagen, lautet, dass diese lediglich versuchen, aus wirtschaftlichen Aspekten die Nutzungsdauer ihrer Produkte zu optimieren. Demzufolge ist der Einsatz z.B. von Sollbruchstellen und billigen Materialien nicht sinnvoll, da gleichzeitig die Verwendung von hochwertigen Bauteilen den Gewinn unnötig schmälern würde. Betriebswirtschaftlich gesehen würde dies den Hersteller zufolge einen Widerspruch stellen.[88] Das Ziel sollte also sein, die Nutzungszyklen der Produkte so zu optimieren, dass alle Bauteile darauf ausgelegt sind, dass sie eine möglichst ähnliche Lebensdauer erreichen. Kurz gesagt, sollten die

---

[86] Vgl. Stiftung für Konsumentenschutz (2013), S. 4.
[87] Vgl. Huisman et al. (2012), S. 21.
[88] Vgl. Kreiß (2014), S. 43.

Produkte „so lang wie nötig und nicht so lang wie möglich halten."[89] In diesem Zusammenhang muss das Modell des sogenannten *Target Costing* erwähnt werden, wobei bei Beginn des Planungsprozesses zunächst einmal die für den Kunden wesentlichen Produkteigenschaften und Preisvorstellungen ermittelt werden.[90] Anhand dieser Anforderungen wird das Produkt letztlich so konstruiert, dass die wesentlichen Wünsche und Bedürfnisse der Kunden mit minimalen Kosten erreicht werden können.[91] So wird die Produktlebensdauer an den jeweiligen Zielsetzungen orientiert und ist dementsprechend von Produkt zu Produkt unterschiedlich. Insbesondere der Preis stellt dabei ein wesentliches Kriterium für den Verbraucher dar. Dieser wird allerdings neben der Lebensdauer und den verarbeiteten Materialien von vielen weiteren Faktoren, wie Service, Design und Robustheit bestimmt. Ein Unternehmen, das für die Qualität und Langlebigkeit seiner Produkte steht, wird dementsprechend ganz andere Anforderung an die Verarbeitung und die verwendeten Materialien stellen, als ein Unternehmen, das seine Produkte im Niedrigpreissegment vertreibt. Das Umweltbundesamt spricht sogar davon, dass auch die unnötige technische Verlängerung der Lebensdauer von Produkten zu einem erhöhten Ressourcenbedarf führen kann. Unter diesen Gesichtspunkten kann die Auslegung der Produkte auf eine ökologische und wirtschaftliche Lebensdauer auch als geplante Obsoleszenz bezeichnet werden.[92]

Auch Albert Albers, Leiter des Instituts für Produktentwicklung am Karlsruher Institut für Technologie, bestätigt, dass Ingenieure anhand von simulierten Nutzungsszenarien die Gebrauchsdauer von Produkten ermitteln und dementsprechend die Qualität der Einzelteile von Geräten planen. Ziel ist es, die geplante Gebrauchsdauer möglichst genau zu erreichen und dafür die kostengünstigste Lösung zu finden. Hier gilt es also, das Gerät „so gut wie nötig zu bauen, nicht so gut wie möglich."[93] Als Beispiel kann hier die Produktentwicklung in der Automobilbranche genannt werden. Viele Hersteller gehen mittlerweile von einer sinnvollen Gebrauchsdauer von etwa 200.000 Kilometer

---

[89] Prakash et al. (2016), S. 22.
[90] Vgl. Coenenberg et al. (2012), S. 546.
[91] Vgl. Seidenschwarz (1993), S. 6 ff.
[92] Vgl. Prakash et al. (2016), S. 22.
[93] Stiftung Warentest (2013), S. 60.

Laufleistung aus. Die Ingenieure versuchen also dementsprechend, die Fahrzeuge so zu entwickeln, dass nach dieser Gebrauchsdauer sämtliche Teilsysteme ihr Lebensende erreichen.[94]

Und so ist von Seiten der Abnehmer stets abzuwägen, ob es nach einer gewissen Lebensdauer sinnvoll ist, ein Produkt zu reparieren oder, ob aufgrund hoher Reparaturkosten eine Neuanschaffung sinnvoller ist. Außerdem sollten Verwender sich bereits beim Kauf mit der Nutzungsdauer eines Produktes auseinanderzusetzen und sich darüber Gedanken machen, ob man in ein haltbares oder in ein weniger haltbares Produkt investieren möchte, welches vielleicht preisgünstiger in der Anschaffung ist.[95]

Gerade im Bereich der langlebigen Haushaltsgroßgeräte ist zu betrachten, dass die durchschnittlichen Lebensdauern abnehmen. Häufig werden vor allem Waschmaschinen als Beispiele für physische Obsoleszenz genannt. In diesem Zusammenhang stellt sich ebenfalls die Frage, ob die verkürzten Lebensdauern auf eine Optimierung der Nutzungsdauer zurückzuführen sind, oder ob es sich um ein vorsätzliches Verhalten zur Steigerung der Absatzzahlen handelt. Der Hersteller Miele, der für langlebige Geräte steht, bestätigt, dass die definierte technische Lebensdauer von Waschmaschinen bei Miele mit 5.000 Programmzyklen festgelegt ist, was etwa 20 Jahren entspricht. In diesem Fall handelt es sich also, wenn man den Aussagen des Herstellers Glauben schenken kann, um ein gezieltes Vorgehen zur Optimierung der Produktnutzungszyklen. Und auch andere Hersteller, wie z.B. BSH, Electrolux oder Whirlpool, geben an, ihre Geräte auf bestimmte Nutzungsdauern bzw. eine bestimmte Anzahl von Waschzyklen auszulegen. Diese gehen jedoch von einer geringeren Lebensdauer aus und empfehlen, z.B. nach der Erreichung von 2.000 Waschzyklen, die komplette Maschine auszutauschen, da in diesem Zeitraum von etwa 10 Jahren auch technologische Fortschritte erzielt werden. Nach übereinstimmenden Expertenmeinungen ist es bei Haushaltsgeräten also durchaus üblich, diese auf eine bestimmte Nutzungsdauer auszulegen, wobei die Anforderungen von Hersteller zu Hersteller durchaus unterschiedlich sind, was sich oft auch am Endverkaufspreis

---

[94] Vgl. Poprawa (2012).
[95] Vgl. Packard (1964), S. 70 f.

ausdrückt.[96] Ob es sich bei diesem Vorgehen um die Regel handelt oder ob es in der Realität bzw. bei anderen Herstellern um gezieltes Vorgehen zur Steigerung der Absatzzahlen handelt, ist diesen Angaben jedoch nicht zu entnehmen.

Kritiker stellen sich im Zusammenhang mit der Optimierung von Produktnutzungszyklen jedoch häufig die Frage, wer denn festlege, wie lange ein Produkt halten soll, und wann es nicht mehr gebraucht werde. Albers vom Institut für Produktentwicklung erwidert darauf, dass es vor allem der Verbraucher und dessen Kaufverhalten sei, wodurch bestimmt werde, was sich am Markt durchsetzt. Außerdem sei entscheidend, für welche Nutzungsart ein Produkt ausgelegt ist und wieviel der Konsument bereit ist zu bezahlen. So gebe es z.B. im Bereich der Werkzeuge durchaus Geräte, die bei einer nichtprofessionellen Nutzung über Jahrzehnte hinweg genutzt werden könnten, ohne kaputtzugehen. Diese Geräte werden aber viel mehr für den professionellen Einsatz entwickelt und liegen preislich oftmals im Bereich von 800 bis 1.000 Euro. Da der normale Heimwerker jedoch in der Regel deutlich weniger bereit ist, für diese Geräte zu investieren und die Nutzungsdauer und -häufigkeit weit unter der eines professionellen Handwerkers liegt, sei es notwendig, Geräte zu entwickeln und zu vertreiben, die ebenfalls auf diese Nutzung und das entsprechende Budget des Käufers ausgelegt sind.[97]

---

[96] Vgl. Prakash et al. (2016), S. 203 ff.
[97] Vgl. Poprawa (2012).

4.   Psychische Obsoleszenz

Doch selbst die physische, also körperliche, Obsoleszenz von Produkten, die nun bereits ausführlich analysiert wurde, stößt irgendwann an ihre Grenzen, da die Lebenszyklen von Produkten nicht unendlich kurz sein können und eine gewisse Mindesthaltbarkeit gewährleistet werden muss. Der Ansatz der psychischen Obsoleszenz, bei der Produkte aufgrund der Neueinführung von neuen, technisch fortschrittlicheren oder optisch aufgewerteten Produkten, veralten, stellt für die Unternehmen eine weitere Möglichkeit dar, durch verkürzte Produktlebenszyklen den Absatz zu steigern. Das alte Produkt muss bei dieser Methode in der Ansicht des Konsumenten an Anziehungskraft verlieren, auch wenn es seine Funktion weiterhin erfüllt.[98]

4.1   Theoretische Betrachtung der psychischen Obsoleszenz

Burkhardt Röper, der sich im Auftrag der Kommission für wirtschaftlichen und sozialen Wandel auch mit der psychischen Obsoleszenz befasst hat, beschreibt deren Ursache als modische Strömungen, durch die eine Unlust am Alten hervorgerufen wird. Durch das Neue und Modernere wird ihm zufolge das bisherige Angebot verdrängt. Auch wenn dieses unverändert bleibt, wird der Verbraucher es durch die Neueinführung als veraltet empfinden.[99] Den Begriff der Mode definiert er als „plötzlich auftauchende massenhafte Nachahmung menschlicher Lebensäußerungen [..], die zumeist von einem engeren Kreis der Gesellschaft ausgeht [...], (wobei) die entscheidenden Impulse zur Geschmackswandlung auf immer weitere Kreise der Gesellschaft übertragen (werden)."[100] Mode dient dabei als Mittel zur Differenzierung und als Ausdruck des sozialen Status[101] und kann im Gegensatz zur gängigen Ansicht, dass es sich dabei lediglich um den Bekleidungsstil handelt, auch in sämtlichen Bereichen von Gebrauchsgütern, wie z.B. bei Fahrzeugen und Einrichtungsgegenständen verwendet werden.[102] Packard zitiert in Bezug auf die psychologische Obsoleszenz Paul Mazur, der

---

[98] Vgl. Packard (1964), S. 73.
[99] Röper (1976), S. 24.
[100] Röper (1976), S. 38 f.
[101] Vgl. Neuburger (1913), S, 37.
[102] Vgl. Röper (1976), S. 40.

behauptet: „Die Mode kann den Wert einer Ware völlig zerstören, selbst wenn deren Brauchbarkeit nicht beeinträchtigt wird."[103] Der Marktforscher Louis Cheskin ging sogar so weit zu behaupten, dass „die meisten Formveränderungen" nicht erfolgen, „um das Erzeugnis ästhetisch oder funktionell zu verbessern, sondern um es veralten zu lassen."[104] Bereits zum Ende der 20er Jahre des 20. Jahrhundert sprach der einflussreiche Geschäftsmann Justus George Frederick in der Zeitschrift *Advertising & Selling* von *progressiver Obsoleszenz* und wollte damit die Kunden dazu anregen, mehr Waren aufgrund von weiterentwickelter Leistung oder neuerer modischer Erscheinungen zu kaufen. Indirekt spielt er hier also mit dem Gedanken einer geplanten Obsoleszenz im Sinne der später von Packard geprägten Begriffe der funktionellen und psychologischen Obsoleszenz.[105] Dies zeigt, dass der Gedanke einer psychischen Obsoleszenz bereits in die Anfänge des 20. Jahrhunderts zurückführt.

In Deutschland war es zunächst der Wirtschaftswissenschaftler und Politiker Wilhelm Vershofen, der das Problem der (psychischen) Obsoleszenz aufgriff und in seinem Werk *Wirtschaft als Schicksal und Aufgabe* formulierte. Dabei stellte er fest, dass die Nutzer bestimmte Produkte oft nicht aufgrund ihrer Nützlichkeit kaufen, sondern viele weitere Aspekte beim Kauf eine Rolle spielen. Er führt als Beispiel die amerikanische Automobilindustrie an, von der die Verbraucher mittlerweile eine technische Brauchbarkeit der Fahrzeuge grundsätzlich erwarteten und die Käuferschaften eher aufgrund von Kriterien wie Stil, Linienführung und Design ihre Kaufentscheidungen träfen. Wenn alleine die technische Verwendbarkeit der Fahrzeuge relevant wäre, so seine These, wären diese durchaus zehn Jahre länger im Gebrauch. Der durchschnittliche Amerikaner kaufe sich jedoch alle ein bis zwei Jahre ein neues Auto, und die Industrie wisse, wie sie Jahr für Jahr Neuerungen kreieren könne, um die Vorjahresmodelle veraltet und weniger begehrenswert erscheinen zu lassen.[106] Und auch schon der Industrielle und spätere Außenminister der Weimarer Republik Walther Rathenau sprach bereits Anfang des 20. Jahrhunderts von immer „schnelllebigeren Verbrauchswerten" sowie von Märkten, die „ständig neue

---

[103] Packard (1964), S. 73.
[104] Packard (1964), S. 74.
[105] Vgl. Packard (1964), S. 64.
[106] Vgl. Vershofen (1930), S. 238 ff.

Bedürfnisse" erschufen. Damit träten „an die Stelle der Dauerhaftigkeit bequeme Erneuerungen", wodurch sich die „Wachstumsspirale zu einer endlosen Vergeudungsspirale entwickele."[107] In den fünfziger Jahren befassten sich auch verschiedene Wirtschaftszeitschriften mit dem Thema der psychischen Obsoleszenz von Verbrauchsgegenständen. So schrieb Martin Mayer im Jahre 1959 in einer Ausgabe der *Dun's Review and Modern Industry* über die Problematik, dass eine Ware sich umso langsamer verbraucht, desto länger sie halte. Er empfahl zur Steigerung von Absätzen, die älteren Produkte durch materielle, funktionelle oder modische Obsoleszenz veraltet wirken zu lassen und so die Nutzer zum Neukauf eines Produktes anzuregen.[108]

4.2 Frühe praktische Ansätze der psychischen Obsoleszenz

Bereits zu Beginn des 20. Jahrhunderts war es der amerikanische Autobauer General Motors, der es verstand, mit einer raffinierten Produktpolitik an seinem Konkurrenten Ford vorbeizuziehen, indem er seine Autos optisch so überarbeitete, dass die Modelle der Konkurrenz ästhetisch veraltet wirkten. Durch jährliche Stilwechsel konnte er im Kunden den Wunsch nach etwas Neuem wecken.[109] So gilt die Automobilbranche bis heute als Vorreiter der psychischen Obsoleszenz. Ford hatte bereits 1914 mit dem Modell T ein grundsolides Auto angeboten, das für weite Teile der Bevölkerung erschwinglich war und so in großen Mengen abgesetzt werden konnte. Da das Modell so erfolgreich war, sah Ford keine Notwendigkeit, grundlegende Veränderungen an dem Erfolgsmodell vorzunehmen. Außerdem war er der festen Überzeugung, dass die Qualität eines Produktes immer an erster Stelle kommen sollte. Ford wehrte sich stets gegen jegliche Form der Verkürzung von Lebenszyklen und wollte Autos für die Ewigkeit bauen. Anfang der 1920er Jahre war der Markt jedoch gesättigt, und praktisch jeder, der sich ein Fahrzeug leisten konnte, besaß ein T-Modell von Ford, welches im Schnitt etwa acht Jahre hielt und mit 15 Millionen gebauten Autos einen Marktanteil von 61 Prozent in den Vereinigten Staaten erwirtschaftet hatte. Fords Konkurrent General Motors versuchte zunächst, durch bessere technische

---

[107] Burazerovic (2015), S. 6.
[108] Vgl. Packard (1964), S. 67.
[109] Vgl. Kurz (2015), S. 73.

Eigenschaften der eigenen Modelle, dem Platzhirsch Ford Konkurrenz zu machen, war jedoch damit weniger erfolgreich. Also änderte GM seine Strategie und begann, seine Autos optisch zu überarbeiten und so das T-Modell von Ford ästhetisch veraltet erscheinen zu lassen. Außerdem gelang es dem Chef von GM, Alfred P. Sloan, durch jährliche Stilwechsel das Auto vom Gebrauchsobjekt zu einer Modeerscheinung werden zu lassen, wodurch GM zum Marktführer wurde. Innerhalb weniger Jahre sank Fords Marktanteil von über 60 auf 30 %, und 1927 musste die Produktion des Model T endgültig eingestellt werden.[110] Waren es in den zwanziger und dreißiger Jahren noch die zahlreichen technischen Innovationen in der Automobilbranche, die die Konsumenten zum Kauf von neuen Fahrzeugen bewegten, gingen den Herstellern zu Beginn der 50er Jahre zunehmend die technischen Revolutionen aus, und der Fokus wurde verstärkt auf optische Veränderungen gelegt. Der Leiter der Abteilung Modellbau bei General Motors sprach in diesem Zusammenhang von einer *dynamischen Obsoleszenz*[111] und mehr und mehr Autobauer versuchten, ihren Fahrzeugen durch optische Neuerungen ein moderneres und zeitgerechteres Auftreten zu verleihen und so den Konsumenten den Eindruck zu vermitteln, ihre bisherigen Fahrzeuge seien gnadenlos veraltet.[112]

In den 50er Jahren war es aber vor allem die Branche der Damenoberbekleidung, die das Prinzip der psychischen Obsoleszenz vorantrieb und diesbezüglich als Maß aller Dinge angesehen wurde. Etliche Branchen versuchten, den schnelllebigen Modetrends der Modeindustrie nachzueifern und diese auf ihre Geschäftsmodelle zu übertragen. Bereits in den dreißiger Jahren forderte ein Vertreter des amerikanischen Kaufhauses *Filene* eine beschleunigte modische Obsoleszenz zur Überwindung der damaligen Flaute. Zwanzig Jahre später wurde der Forderung von führenden Fachleuten der Modebranche noch mehr Nachdruck verliehen. So forderte der Vorstandsvorsitzende der *Allied Stores Corporation* den Verschleiß in der Modewelt zu beschleunigen, indem er plante, „den Frauen die Freude an dem, was sie haben, zu nehmen."[113] Die Herrenmode tat sich, aufgrund ihrer sich traditionell eher etwas zurückhaltenden Kundschaft, schwerer, diesem Prinzip nachzueifern. Trotzdem erklärte der Verband der

---

[110] Vgl. Ford (1923), S. 174 sowie Klinke (2011) und Kreiß (2014), S. 16 f.
[111] Vgl. Packard (1964), S. 84.
[112] Vgl. Packard (1964), S. 84.
[113] Packard (1964), S. 76.

amerikanischen Herrenausstatter im Jahre 1959 „dem Beispiel der Damenkonfektion zu folgen und durch häufigere modische Veränderungen eine (psychologische) Abnutzung zu erzielen."[114] Mit der rasanten Entwicklung der modischen Erscheinungen stiegen auch die Kosten in der Herstellung, weil die Produktion auf immer neue Verfahren umgestellt werden musste. Diese gestiegenen Kosten wurden jedoch weitestgehend auf die Konsumenten abgewälzt, was sich dadurch bemerkbar machte, dass sich z.B. der Preis von Herrenanzügen im Laufe von nur einem Jahr um ganze fünf Dollar verteuerte.[115] So sollte es auch kein Zufall sein, dass George W. Walker, der zuvor als Designer in der Damenmodebranche tätig war, zum neuen Chef der Abteilung Formgebung bei Ford angeheuert wurde und in die Automobilbranche wechselte. Er gestand ganz offen, dass er seine Fahrzeuge in erster Linie für Frauen entwerfe, da diese von Natur aus empfänglicher für Mode und Stil seien. Auch wenn vor allem die Männer die Autos führen, seien es in vielen Fällen die Frauen, die die Kaufentscheidung träfen.[116] Packard beschrieb 1964 den Umstand, dass die Autobauer am liebsten jährlich oder sogar halbjährlich neue Fahrzeuge auf den Markt bringen würden, auch wenn diese lediglich den Anschein hätten, neu zu sein. Jedoch sei der Aufwand und die Kosten für die Anschaffung neuer Maschinen bzw. die Neueinrichtung bestehender Maschinen enorm. Nichtsdestotrotz gelang es der amerikanischen Autoindustrie, die 1956 noch im Schnitt alle drei Jahre neue Modelle mit überwiegend großen Veränderungen an der Karosserie vorstellte und in der Zwischenzeit lediglich kleine optische Änderungen in Form von Kühlerverkleidungen, Lichtern und Stoßstangen vornahm, die Modellzyklen weiter zu verkürzen. 1957 war es dann so weit, dass die Industrie im Stande war, alle zwei Jahre ein grundlegend neues Design der Karosserie auf den Markt zu bringen. Dies gipfelte darin, dass General Motors 1958 ankündigte, jedes Modell seiner fünf Marken Chevrolet, Pontiac, Oldsmobile, Buick und Cadillac jährlichen Modellwechseln zu unterziehen.[117] Als 1973 das Forschungsprojekt *Langzeit-Auto* als Gegenentwicklung ins Leben gerufen wurde, war das Ziel, ein Fahrzeug zu kreieren, das mindestens 20 Jahre Lebensdauer und eine entsprechend hohe Laufleistung erreichen sollte. Hierzu wurden z.B. erstmals

---

[114] Journal of Commerce (1959), S. 9.
[115] Vgl. Packard (1964), S. 76 ff.
[116] Vgl. Packard (1964), S. 85.
[117] Vgl. Packard (1964), S. 85 ff.

feuerverzinkte Bleche verwandt. Jedoch war die Schwäche des Projektes unübersehbar. Durch die Tatsache, dass sich durch ständige Weiterentwicklungen in der Aerodynamik, Effizienz und Abgasqualität der Motoren oder durch neue Sicherheitsfeatures die Innovationszyklen der Fahrzeuge so stark verkürzten, wäre ein Langzeitprodukt quasi unverkäuflich. Das Fahrzeug wäre bereits technisch obsolet, bevor es seine mögliche technische Lebensdauer erreicht hätte.[118]

Und bis heute wird in der Automobilbranche versucht, durch kleinere optische und gelegentlich auch technische Überarbeitungen den Absatz von Fahrzeugen zwischen den Modellwechseln aufrecht zu erhalten und zwischenzeitlich erneut anzukurbeln. In diesem Zusammenhang spricht man heute von sogenannten Facelifts.[119] Ein Paradebeispiel hierfür ist das im März 2013 eingeführte Facelift der Mercedes E-Klasse. Mit fast einer Milliarden Euro Kosten für die Überarbeitung des Modells ist diese bis heute das teuerste Facelift der Firmengeschichte. Im Gegensatz zu den sonst üblichen Änderungen der Leuchten und einzelner Karosserieelemente wurden bei diesem Modell darüber hinaus nahezu alle Blechteile überarbeitet und das Fahrzeug mit neuen hochmodernen Assistenzsystemen sowie neuer Motorentechnik ausgestattet.[120]

Bleibt die Frage, inwiefern die Mühen und die Anstrengungen, die in die optische Überarbeitung von Fahrzeugen investiert werden und wie die immer schnellere Abfolge an Modellwechseln sich letztendlich auf die Qualität der Fahrzeuge auswirken. Laurence Crooks von der amerikanischen Verbrauchervereinigung erklärte Mitte des 20. Jahrhunderts, dass die jährlichen Modellwechsel Schuld an der mangelnden Qualität der Fahrzeuge sei und dass sich jede Beschleunigung dieser Tendenz nachteilig auf die Qualität auswirke. Man brauche eben ziemlich lange Zeit, um einen Wagen zu perfektionieren und etwaige Mängel zu beseitigen.[121]

---

[118] Vgl. Kurz (2015), S. 73.
[119] Vgl. Gabler Wirtschafts Lexikon (2004), S. 1008.
[120] Vgl. Gerhardt (2013) sowie Stegers (2013).
[121] Vgl. Packard (1964), S. 93.

4.3 Wie psychische Obsoleszenz die Lebenszyklen sowie die Nutzungsdauer von Produkten beeinflusst

Wird der Neukauf eines neuen Produktes aufgrund eines konkreten Bedarfs getätigt und sich hierbei an technischen Innovationen orientiert, ist dies natürlich prinzipiell erstrebenswert. Kauft ein Kunde zum Beispiel einen neuen Kühlschrank, da sein alter schon lange Zeit gelaufen ist und nun einfach nicht mehr seinen Zweck erfüllt, macht es natürlich Sinn, beim Neukauf aktuelle technische Gegebenheiten zu berücksichtigen. Insbesondere in Hinblick auf die Energieeffizienz hätte es einen positiven Einfluss auf die Umwelt, wenn der Nutzer sich für ein möglichst effizientes Gerät entscheidet. Allerdings tätigen viele Konsumenten auch dann Neukäufe, wenn ihre alten Produkte noch voll funktionsfähig sind, wodurch weitere Ressourcen verbraucht werden und durch die alten Produkte im schlimmsten Fall zusätzlicher Müll entsteht.[122]

Welchen Einfluss psychische Obsoleszenz auf die Lebenszyklen und auf die Nutzungsdauer von Produkten hat, zeigt das Beispiel von Mobiltelefonen. Hier hat sich die durchschnittliche Nutzungsdauer in den Industrienationen von anfangs durchschnittlich zwei Jahren auf inzwischen etwa einem Jahr verkürzt. In Japan wird das Handy im Schnitt sogar bereits nach einem halben Jahr durch ein neues ersetzt.[123] Hierbei findet der Neukauf in vielen Fällen nicht aufgrund eines Defekts am Gerät statt, sondern aufgrund der Tatsache, dass ein neueres und leistungsstärkeres oder aber ein Modell mit modernerem Design erhältlich ist. So gaben bei einer Umfrage im Jahr 2014 ganze 33 % der Käufer an, ein neues Smartphone aufgrund des Designs zu kaufen und weitere 29 %, weil sie das neueste Modell und die neueste Technik wollen.[124] Daraus wird deutlich, dass Smartphones heute in vielerlei Hinsicht als Ausdruck von Lifestyle und sozialer Abgrenzung dienen. Oftmals geht es auch gar nicht um das Produkt als solches, sondern um eine gewisse Zugehörigkeit oder um ein Image, das durch eine Marke wie Apple übertragen wird.[125] Sybille Klose geht sogar so weit, dass sie Konsum

---

[122] Vgl. Prakash et al. (2016), S. 22.
[123] Vgl. Burazerovic (2015), S. 6.
[124] Vgl. o.V. (2014): Ranking der wichtigsten Kaufkriterien in Deutschland bei der Neuanschaffung eines Handys oder Smartphones in den Jahren 2013 und 2014.
[125] Vgl. Burazerovic (2015), S. 6.

als Mittel zur Stiftung von Identität beschreibt, so dass der Konsum weit über die Anschaffung von Gebrauchsgütern hinausgehe.[126]

In einer Untersuchung der Stiftung Warentest gaben darüber hinaus 68 % der Befragten an, dass sie ihr Mobiltelefon innerhalb von 3 Jahren austauschen, und ganze 42 % der Nutzer, dass sie sich alle zwei Jahre ein neues Gerät zulegen.[127] Doch nicht nur Produkte der Kommunikationstechnologie, wie eben Smartphones sind von psychischer Obsoleszenz betroffen. Laut einer Studie der Gesellschaft für Konsumforschung (GfK) liegt auch bei Haushaltsgroßgeräten, wie z.B. Waschmaschinen oder Trocknern, der Anteil der Konsumenten, die ein neues Gerät nicht aufgrund eines Defektes kaufen, sondern weil der Wunsch nach einem besseren Gerät besteht, bei über 30 %. Das heißt, dass fast jedes dritte Haushaltsgroßgerät ersetzt wird, obwohl das alte Gerät noch voll funktionsfähig ist. Noch drastischer ist dieser Trend bei TV-Flachbildschirmen zu betrachten. Hier gaben der GfK zufolge über 60 % der Nutzer an, dass sie ihr TV-Gerät ersetzten, weil sie ein besseres Gerät haben wollten, wobei die Hauptfaktoren bei dem Wunsch nach einer größeren Bildschirmdiagonale, besserer Bildqualität oder fallenden Preisen liegen. Aber auch die rasante Weiterentwicklung der verschiedenen TV-Formate, wie z.B. HD und 4K, sowie neue Funktionen spielen hierbei eine bedeutende Rolle.[128]

In Zusammenhang mit der psychischen Obsoleszenz ist vor allem die Erstnutzungsdauer interessant, da hierbei Aussagen über den durchschnittlichen Gebrauch des Gerätes und nicht der technischen Lebensdauer getroffen werden. So kann es sein, dass ein Gerät nur wenige Jahre in Gebrauch ist, bevor es durch ein neues Gerät ersetzt wird, dessen technische Lebensdauer aber trotzdem deutlich höher ist. Die durchschnittliche Erstnutzungsdauer liegt z.B. bei TV-Flachbildschirmen bei unter 6 Jahren.[129] Vergleicht man dies nun mit den klassischen Röhrenfernsehern, fällt auf, dass die klassischen Geräte deutlich länger in Gebrauch waren. So lag die durchschnittliche Nutzungsdauer von Röhrenfernsehern in den Jahren 2006 bis 2012

---

[126] Vgl. Klose (2015), S. 171.
[127] Vgl. Prakash et al. S. 28.
[128] Vgl. Prakash et al. (2016), S. 24 ff.
[129] Vgl. Prakash et al. (2016), S. 24 ff.

zwischen elf und zwölf Jahren. Es zeigt sich also, dass die Nutzungsdauer von modernen TV-Geräten deutlich kürzer ist und dass diese teilweise sogar nur halb so lang in Gebrauch waren. Bemerkenswert ist auch der Vergleich der Gründe für einen Austausch der TV-Geräte. Während der Anteil der Geräte, die aufgrund des Wunsches nach einem neuen Gerät ausgetauscht wurden, bei Röhrenfernsehern im Jahr 2005, also bevor die LCD-Fernseher den breiten Massenmarkt erobert haben, bei gerade einmal knapp 25 % lag, sind es im Vergleich dazu bei den Flachbildfernsehern um die 60 % der Geräte, die ersetzt werden, obwohl diese eigentlich noch voll funktionsfähig sind.[130] Eine Befragung hat zudem ergeben, dass mehr als die Hälfte der Verbraucher ihr TV-Gerät nach dem Austausch, unabhängig von der Austauschursache, entsorgt und nicht weiternutzt bzw. weitergibt. Lediglich 33 % hatten ihr Gerät im Anschluss verkauft bzw. verschenkt. Auch hier gaben 56 % der Befragten, also mehr als die Hälfte, an, dass sie das Gerät nicht wegen eines Defektes ausgetauscht haben.[131]

Diese Zahlen sprechen deutlich für eine Zunahme von psychischer Obsoleszenz und zeigen, dass der technische Fortschritt in diesem Fall nicht zu einer Verlängerung der Lebensdauer, sondern im Gegenteil zu einer Verkürzung führt, da die häufigen technischen Innovationen die Verbraucher zu ständigen Neukäufen verleiten. So zeigte sich, dass sich die Innovationszyklen seit der Einführung von TV-Flachbildschirmen deutlich verkürzt haben. Angaben der Loewe Technologies GmbH zufolge betragen die diese in der TV-Industrie mittlerweile nur noch ein Jahr.[132]

Es gibt allerdings auch Tendenzen hin zu abnehmender psychologischer Obsoleszenz, selbst in der sonst so von dieser Praktik geprägten Branche der Informations- und Kommunikationstechnologie. So haben Auswertungen der GfK ergeben, dass die Verbraucher in den Jahren zwischen 2004 und 2007 noch deutlich häufiger ein neues Notebook mit der Begründung gekauft haben, ihr altes durch ein besseres bzw. leistungsstärkeres Gerät ersetzen zu wollen, obwohl das Altgerät noch funktionierte. Zwischen 2010 und 2012 lag dieser Wert deutlich niedriger. Ebenso sind die

---

[130] Vgl. Prakash et al. (2016), S. 111 ff.
[131] Vgl. Prakash et al. (2016), S. 151.
[132] Vgl. Prakash et al. (2016), S. 156.

Absatzzahlen von Notebooks rückläufig. Während diese in den Jahren zwischen 2003 und 2011 noch von 2 Mio. Stück auf über 7 Mio. Stück angestiegen sind, fielen sie in den darauffolgenden Jahren bis 2013 auf 6 Mio. Stück ab. Diese Daten legen nahe, dass die Bedeutung von Notebooks als Statussymbol abgenommen hat und sich die Innovationszyklen verlangsamt haben. Es kann jedoch davon ausgegangen werden, dass Substitutionsprodukte wie z.B. Tablet-PCs im Gegenzug an Bedeutung gewonnen haben.[133]

Betrachtet man hingegen die durchschnittliche Nutzungsdauer von Haushaltsgroßgeräten, die aufgrund des Wunsches nach einem neuen oder besseren Gerät, ausgetauscht wurden, fällt ebenfalls auf, dass der Zeitpunkt des Austauschs heute früher liegt als noch vor 10 Jahren. Wurden diese 2014 noch nach durchschnittlich 15 Jahren Lebensdauer durch ein neues oder besseres Gerät ausgetauscht, gaben die Verbraucher 2013 an ihre Elektrogroßgeräte bereits nach 13,6 Jahren auszutauschen. Diese Daten, die dem Consumer Panel der Gesellschaft für Konsumforschung entnommen wurden, berücksichtigen ebenfalls nur Geräte, die zum Zeitpunkt des Austauschs noch funktionsfähig waren, jedoch aufgrund des Wunsches nach einem neuen oder besseren Gerät ausgetauscht wurden. Auch wenn der Hauptgrund für den Austausch von Haushaltsgroßgeräten zwar immer noch der Defekt ist, fällt auf, dass mittlerweile fast ein Drittel davon noch funktionieren, wenn sie ausgetauscht werden. Bemerkenswert ist hier vor allem der Anteil der Geräte, die innerhalb der ersten 5 Jahren aufgrund des Wunsches nach einem neuen Gerät ausgetauscht wurden. Dieser stieg von 9 % in 2004 auf 12 % in 2013.[134] Hier sind es vor allem Verbraucher unter 35 sowie Haushalte mit geringem Einkommen, die ihre Geräte bereits in den ersten 5 Jahren austauschen.[135]

Und auch in der Branche, die als Inbegriff für Mode gilt, ist das Phänomen der psychischen Obsoleszenz allgegenwärtig. In der Bekleidungsbranche ist heute nicht ohne Grund von Fast Fashion die Rede. Ketten wie H&M und Primark propagieren

---

[133] Vgl. Prakash et al. (2016), S. 182 f.
[134] Vgl. Prakash et al. (2016), S. 90 ff.
[135] Vgl. Prakash et al. (2016), S. 97 ff.

Wegwerfmode mit bis zu zwölf Kollektionen im Jahr. Auch die Discounter buhlen mit wöchentlich wechselnden Angeboten um Marktanteile im lukrativen Textilsegment, das zwar von kleinen Margen dominiert wird, bei dem aber durch große Stückzahlen hohe Gewinne erwirtschaften werden können. Ob in dieser schnelllebigen Branche überhaupt noch Qualität zu erwarten ist, bleibt zweifelhaft. Die Einsparungen, die notwendig sind, um die Klamotten zu solchen Kampfpreisen anbieten zu können, lassen jedoch keine lange Nutzungsdauer erwarten. Aber der defekte Reißverschluss ist heute auch kein Grund mehr für einen Besuch beim Schneider, da die Reparatur vermutlich den Anschaffungswert überschreiten würde. Stattdessen ergibt sich daraus ein neuer Grund zum Shoppen.[136]

4.4 Marketing als Treiber von psychischer Obsoleszenz

Was bewirkt also die psychische Obsoleszenz bei den Konsumenten und wie wird erreicht, dass Kunden zu neuen Produkten greifen, sobald diese auf den Markt kommen? Zu allererst beginnt die geplante Obsoleszenz jedoch im Kopf, und zwar in dem des Verbrauchers. Greifen wir noch einmal das Beispiel von Apple auf und betrachten das iPhone, um zu verstehen, welche Prozesse im Kopf des Verbrauchers ablaufen, die letztendlich dazu führen, dem Trend zu folgen und immer das aktuellste Modell besitzen zu wollen. Apple verfolgt als Premium-Hersteller sicherlich nicht den Ansatz, günstige Ramschware unter die Leute zu bringen. Im Gegenteil: die Oberflächen eines iPhones werden, im Gegensatz zu den Geräten anderer Hersteller, aus hochwertigen Materialien gefertigt und sorgen mit glänzenden Glasoberflächen und verchromtem Metall für eine angenehme Haptik und ein Gefühl von Wertigkeit und Perfektion. Doch diese Perfektion endet bereits bei der ersten Benutzung, indem das Gerät sofort mit Fingerabdrücken übersät ist und die glänzenden Oberflächen verkratzen. Die psychische Obsoleszenz der Produkte beginnt somit schon direkt nach dem Erwerb. Eine zerkratzte Oberfläche alleine reicht allerdings noch nicht aus, um den Kunden dazu zu bewegen, das Gerät durch ein neues zu ersetzen. Erst mit der Einführung von wesentlichen Änderungen im Design und in der technischen Ausstattung sowie der Präsentation und Inszenierung dieser Neuerungen wird im

---

[136] Vgl. Klose (2015), S. 175 f.

Kunden der Wunsch erzeugt das neuere Produkt besitzen zu wollen. Die neuen Features und Gestaltungselemente lassen das bestehende Produkt veraltet wirken, und der Kunde bekommt das Gefühl, dass sein Produkt unmodern und nicht mehr auf dem neuesten Stand der Technik ist.[137] So bewirkt der Hersteller, in diesem Falle Apple, dass ein Gebrauchsgegenstand wie ein Mobiltelefon, das in erster Linie zweckgebunden ist, zu einem Modeobjekt avanciert und somit auch Trends und Modeerscheinungen folgt, wie sie in der Textilbranche üblich sind.

Doch welche Rolle spielt das Marketing und insbesondere die Werbung in Bezug auf die psychische Obsoleszenz von Produkten, und wie nimmt diese gezielt Einfluss auf die Verbraucher um die Obsoleszenz ihrer Erzeugnisse voranzutreiben? In der Definition der psychischen Obsoleszenz wurde bereits festgestellt, dass bei dieser Form der geplanten Obsoleszenz der Nutzer aufgrund von neuen technischen Funktionen oder modischen Neuerungen zum Neukauf *bewegt* wird. Hier wird dem Nutzer also durch einen äußeren Einfluss suggeriert, er brauche ein neues Produkt, und sein altes sei veraltet. Doch wer suggeriert dem Konsumenten diese Meinung? Dieser Frage soll im Folgenden nachgegangen und geklärt werden, welchen Einfluss Werbung auf die Effektivität der psychischen Obsoleszenz und auf das Verhalten der Konsumenten hat.

Oft heißt es, Werbung habe den Zweck, den Kunden zu informieren. Dieser (Irr)-Glaube ist scheinbar nach wie vor in vielen Köpfen der Konsumenten verankert. Doch tatsächlich ist es heute so, dass die Werbung in erster Linie die positiven Eigenschaften der Produkte hervorhebt und die negativen versucht vorzuenthalten.[138] So braucht man kein Experte zu sein, um zu der Einsicht zu kommen, dass man mit Sicherheit in keiner Werbung darüber informiert wird, dass ein Produkt weniger lange zu gebrauchen ist als es ein ähnliches Modell noch vor 10 Jahren war oder dass sich z.B. bei Lebensmitteln hinter einer neuen Verpackung eine geringere Füllmenge verbirgt.[139] Welche Informationsgehalt hat also die Werbung für den Konsumenten, wenn sie, wie

---

[137] Vgl. Klinke (2011).
[138] Vgl. Kreiß (2014), S. 86 f.
[139] Vgl. Maier (2011).

eben festgestellt zu Gunsten der Hersteller lediglich eine „einseitige, beschönigende Darstellung des Produktes"[140] propagiert? Eine weitere gängige Auffassung ist die Vorstellung, dass die Industrie Produkte entwerfe, um dem Verbraucher einen Nutzen zu bieten und somit auf ein konkretes Bedürfnis der Konsumenten eine Lösung zu finden. Doch jeder Student der Betriebswirtschaftslehre lernt schnell, dass das einzige Ziel von Unternehmen der Gewinn ist und die Befriedigung der Kundenbedürfnisse lediglich ein Mittel zum Zweck.[141] So lautet eine Grundstrategie des Marketings, Märkte zu schaffen und Bedürfnisse beim Kunden zu wecken. Produkte, die bisher niemand vermisst hat werden plötzlich gebraucht.[142] Und genauso verhält es sich mit der psychischen Obsoleszenz. Neue Funktionen, technische Neuerungen oder Designs, die bislang nicht vermisst wurden, werden plötzlich gebraucht. So wird dem Verbraucher von Seiten der Industrie mit geballter Werbe- und Marketingpower von Kindheitsbeinen an vermittelt, dass Altes und Kaputtes weggeworfen und durch Neues ersetzt wird. Und so ist es letzten Endes die Wirtschaft selbst, die darüber entscheidet was die Verbraucher konsumieren wollen bzw. sollen und ihnen diese Meinung mithilfe von ausgeklügeltem Marketing und gezielt angewandter Marketingpsychologie suggeriert.[143] Im Umkehrschluss bedeutet dies, dass die Industrie nicht die Bedürfnisse der Konsumenten befriedigt, sondern vielmehr die Bedürfnisse eines Marktes, den es ohne Marketing gar nicht gäbe.[144]

Der U.S.-amerikanische Sozialökonom Thorstein Veblen prägte bereits Ende des 19. Jahrhunderts den Begriff der *conspicuous consumption*[145], der sich mit *Geltungskonsum* oder wörtlich auch als *demonstrativer Verbrauch* übersetzen lässt. Marketing bedient sich heutzutage häufig dieser Form des Konsums, bei der die Verbraucher Produkte nicht aufgrund ihrer Beschaffenheit kaufen oder weil sie diese benötigen, sondern damit, das Bedürfnis zu befriedigen den eigenen sozialen Status zu demonstrieren. Dabei zeigen die Kosten, die für Verpackung und vor allem für die Bewerbung des Produktes anfallen, welche häufig die Kosten zur Herstellung des

---

[140] Kreiß (2014), S. 87.
[141] Vgl. Kreiß (2014), S. 89.
[142] Vgl. Homann / Kötteritzsch (2005), S. 18.
[143] Vgl. Kreiß (2014), S. 92 f.
[144] Vgl. Welzer (2014), S. 28.
[145] Vgl. Veblen (1993), S. 64 ff.

eigentlichen Gutes deutlich übersteigen, wie viel Aufwand getrieben wird um den Konsum an das Geltungsgefühl der Konsumenten zu koppeln. Hierbei setzen die Werbenden vor allem auf Emotionen, da dadurch erreicht werden kann, dass Verbraucher sich weniger vom Verstand als vom Gefühl leiten lassen.[146]

Wie bereits erörtert, handelt es sich vor allem bei heutigen Mobiltelefonen bzw. Smartphones um sogenannte Lifestyle-Produkte, die für viele Nutzer heutzutage Ausdruck eines Lebensstils sind und in gewissem Maße auch einen sozialen Status repräsentieren. Und die Nachfrage nach Mobilfunkgeräten innerhalb der Bundesrepublik ist hoch. Allein im Jahr 2012 wurden 25 Mio. Mobilfunkgeräte allein in Deutschland verkauft, und insgesamt 83 % der Bevölkerung nutzen ein eigenes Handy, wobei der Anteil bei den unter 25-Jährigen mit 96 % nochmal deutlich höher ist. Auffällig hierbei ist, dass knapp jeder Dritte sein aktuelles Gerät seit nicht einmal einem Jahr nutzt. Bei den unter 25-Jährigen sind es sogar 63 %.[147] Nun stellt sich jedoch die Frage, inwiefern Marketingmaßnahmen die Verbraucher zum Neukauf von Mobiltelefonen bewegen und uns in der Entscheidung beeinflussen, funktionierende Geräte durch neuere, technisch und optisch überarbeitete Geräte zu ersetzen. Auffällig ist hier, dass die durchschnittliche Lebensdauer von Mobiltelefonen, die z.B. von der Stiftung Warentest[148] sowie dem Informationszentrum Mobilfunk (IZMF)[149] auf zwei Jahre beziffert wird mit der Vertragslaufzeit von Mobilfunkverträgen korreliert. So wird durch den Mobilfunkanbieter in vielen Fällen mit Ablauf der Vertragslaufzeit ein neues Gerät angeboten, sofern der Konsument bereit ist einen Folgevertrag abzuschließen.[150] Einige Mobilfunkanbieter werben mittlerweile sogar damit bei gewissen Verträgen jährlich ein neues Smartphone anzubieten.[151] So gaben bei einer durch die Stiftung Warentest durchgeführten Studie fast 30 % der Mobilfunknutzer an, dass sie ihr Gerät tauschten, da sie durch ihren Vertrag regelmäßig ein neues Handy bekämen. Diese Begründung stellte bei der Befragung nach der Aussage, dass das alte Gerät zwar noch funktioniere, das Neue aber noch besser sei, die zweithäufigste Begründung dar.

---

[146] Vgl. Reuß (2015), S. 32 ff.
[147] Vgl. Devries (2013), S. 3 ff.
[148] Vgl. Stiftung Warentest (2013), S. 62.
[149] Vgl. Devries (2013), S. 5.
[150] Vgl. Manhart et al. (2012), S. 17.
[151] Vgl. congstar GmbH sowie Prakash et al. (2014), S. 130.

Insgesamt gaben 78 % der Nutzer an, dass sie sich entweder aufgrund des Vertrages oder aufgrund des Wunsches nach einem besseren Gerät ein neues Handy zugelegt haben. Im Vergleich dazu gaben lediglich 13 % der Nutzer an, dass ein Gerätefehler oder ein defekter Akku Ursache für den Austausch seien.[152] Auch hier wird erneut deutlich, dass die psychische Obsoleszenz die mit Abstand häufigste Ursache für den Austausch eines Mobilfunkgerätes darstellt. Die extrem kurzen Nutzungszyklen der Mobiltelefone werden zudem zu einem nicht unerheblichen Maße dadurch begünstigt, dass die Mobilfunkanbieter durch Vertragsabschlüsse den Absatz der Geräte mitankurbeln und dem Nutzer suggerieren, dass das Gerät quasi umsonst oder vergleichsweise zu einem sehr geringen Preis zu haben wäre.

Zahlreiche Beispiele belegen darüber hinaus, welchen Einfallsreichtum Unternehmen entwickeln können, wenn es um die Vermarktung ihrer Produkte geht, und wie skrupellos Hersteller kundentäuschende Mittel anwenden um ihre absatzpolitischen Interessen durchzusetzen. So ist der Einsatz von psychischer Obsoleszenz nur eines von vielen Beispielen, in denen durch Marketing und bewusste Kundentäuschung in der Praxis der Absatz gesteigert wird und nur ein weiterer Beleg dafür, dass die Profitinteressen der Unternehmen über dem Wohl der Konsumenten stehen.[153]

---

[152] Vgl. Stiftung Warentest (2013), S. 62.
[153] Vgl. Kreiß (2014), S. 100 und S. 107.

5. Verschiedene Auswirkungen als Resultat von verkürzten Produktlebens- und Produktnutzungszyklen

Auch wenn geplante Obsoleszenz, wie bereits erörtert, durchaus positive Auswirkungen vor allem auf die Wirtschaftlichkeit von Unternehmen haben kann, werden trotz alledem auch immer wieder negative Aspekte im Zusammenhang mit der geplanten Obsoleszenz von Produkten aufgeführt. Nachdem nun die Thematik der geplanten Obsoleszenz ausführlich beschrieben und erläutert wurde, gilt es, nachfolgend zu prüfen, welche negativen Auswirkungen diese Praktik und die daraus resultierenden verkürzten Produktnutzungszyklen auf die Gesellschaft und die Umwelt haben. Außerdem soll das Argument, dass geplante Obsoleszenz für wirtschaftliches Wachstum sorge und zur Steigerung von Beschäftigung beitrage, noch einmal geprüft und kritisch hinterfragt werden.

5.1 Einfluss auf den Verbraucher und die Gesellschaft

Den Einfluss, den die geplante Obsoleszenz und die damit einhergehenden verkürzten Produktlebenszyklen sowohl mittels physischer als auch psychischer Obsoleszenz auf den Verbraucher haben, hat Christian Kreiß sehr passend dargelegt: Letztendlich kaufen wir, wenn wir ein Produkt erwerben, dieses für eine bestimmte Nutzungsdauer. Wir zahlen also gewissermaßen einen bestimmten Preis pro Nutzung des Produktes, z.B. pro Waschgang einer Waschmaschine. Wenn jetzt seitens der Industrie die Lebensdauer dieses Produktes verkürzt ohne dass der Anschaffungspreis entsprechend angepasst wird steigt für uns als Verbraucher der Preis pro Nutzung. Es handelt sich hierbei also quasi um eine versteckte Preiserhöhung seitens der Hersteller.[154] Versucht man den Betrag zu beziffern, der den Verbrauchern jährlich durch frühzeitig verschlissene Produkte in Form von geplanter Obsoleszenz entsteht, so kämen wir schätzungsweise allein in Deutschland auf eine Summe von ca. 100 Milliarden Euro, was pro Einwohner einen monatlichen Betrag von etwa 110 Euro bedeuten würde.[155]

---

[154] Vgl. Kreiß (2014), S. 15.
[155] Vgl. Schridde; Kreiß (2013), S. 63 ff.

Betrachtet man nun z.B. die Ausgaben der deutschen Haushalte für technische Geräte, wie z.B. Haushalts- und Unterhaltungselektronik, von denen wir nun festgestellt haben, dass diese besonders häufig von geplanter Obsoleszenz betroffen sind, so fällt auf, dass sich diese in den letzten Jahrzehnten vervielfacht haben. So ist z.B. von 1964 bis 2010 ein Anstieg der Ausgaben für Rundfunk-, Fernseh- und Phonogeräte von 526 Prozent zu betrachten, wohingegen die Ausgaben für Lebens- und Genussmittel, die weniger von geplanter Obsoleszenz betroffen sind, lediglich um 75 Prozent gestiegen sind.[156] Die steigenden Kosten für die Verbraucher resultieren in erster Linie aus den kürzeren Nutzungszyklen der Geräte und den damit verbundenen häufigeren Neuanschaffungen. Der Studie des Umweltbundesamtes zufolge verursachen z.B. kurzlebigere Waschmaschinen Mehrkosten von ca. 13 %. So könnte man mit einer langlebigen Waschmaschine in 20 Jahren ca. 283 € sparen. Bei Notebooks ließen sich der Studie zufolge durch langlebige Geräte ebenfalls 196 € in 12 Jahren sparen. Um diese hier ermittelten Lebenszykluskosten zu berechnen, wurden neben den Anschaffungskosten auch Betriebskosten, wie der Bedarf an Energie sowie Folgekosten, wie Wartung oder Reparatur und etwaige Kosten für die Entsorgung berücksichtigt.[157] Geht man davon aus, dass nicht nur Notebooks und Waschmaschinen von geplanter Obsoleszenz betroffen sind, kann man vermuten, dass hierdurch ebenfalls enorme Mehrkosten für den Verbraucher entstehen, die sich nur schwer beziffern lassen. Nichtsdestotrotz sind die Auswirkungen von geplantem Verschleiß ein gesamtgesellschaftliches Problem. Zwar wird öfters behauptet, dass in einer sich entfaltenden Wohlstandsgesellschaft in der es keine Wachstumsgrenzen gibt, die geplante Obsoleszenz in einem gewissen Maße sogar notwendig sei, da sie für wirtschaftliches Wachstum sorgt und zur Befriedigung von modischen und funktionalen Bedürfnissen dient sowie der Gefahr der Arbeitslosigkeit entgegenwirkt. Jedoch wird immer deutlicher, dass die für die Lebensqualität notwendigen Grenzen des wirtschaftlichen Wachstums erreicht und begrenzte Rohstoff- und Energiequellen zunehmend erschöpft sind. Außerdem stoßen auch Entsorgungskapazitäten an ihre Grenzen. Während bislang Faktoren wie Kosten, Preise und modische Neuerungen die Nutzungsdauer von Gebrauchsgütern dominieren, rücken mittlerweile zunehmend

---

[156] Vgl. Kreiß (2014), S. 119.
[157] Vgl. Prakash et al. (2014), S. 34 f. und S. 255 ff.

auch Kriterien wie Umweltverträglichkeit oder Rohstoff- und Energieeffizienz sowie soziale Verträglichkeit und Nachhaltigkeit in den Vordergrund, zumal gerade Geringverdiener die Auswirkungen von kürzeren Lebenszyklen verstärkt zu spüren bekommen. [158]

Bereits in Packards Betrachtungen zum Thema geplante Obsoleszenz heißt es, dass sich die Käufer mit der planmäßigen Obsoleszenz abgefunden haben.[159] Wichtig ist hierbei der Aspekt, dass die allmähliche Verschlechterung der Produkte nicht offensichtlich vorgenommen und so nicht von den Verbrauchern wahrgenommen wird. Die Gefahr, dass das Vertrauen der Konsumenten in eine Marke sinkt bzw. sich deren Image aufgrund der mangelnden Qualität verschlechtert, ist seitens der Hersteller also nur dann zu befürchten, wenn der Sprung in der Qualitätsverschlechterung zu auffällig ist und so von den Konsumenten zweifelsfrei wahrgenommen werden kann.[160] Hinzu kommt allerdings, dass die Hersteller den Einsatz von vorsätzlicher Obsoleszenz ihrer Produkte, obwohl mittlerweile zahlreich belegt, nach wie vor kategorisch leugnen. Dies führt zu einer Verunsicherung der Verbraucher, die die kürzeren Lebenszeiten der heutigen Produkte bewusst wahrnehmen und auch regelmäßig in den Medien mit den Anschuldigungen gegenüber den Unternehmen konfrontiert werden. Dies führt zu einem Glaubwürdigkeitsverlust auf Seiten der Verbraucher, die allmählich ihr Vertrauen in die Unternehmen und gegenüber Marken verlieren.[161] Doch die Unternehmen wehren sich vehement. Ein häufiger Einwand lautet, dass geplante Obsoleszenz die Marke beschädigen würde. Dies kann jedoch damit entkräftet werden, dass die Hersteller nicht direkt für den Endverbraucher produzieren, sondern in erster Linie für den Handel, welcher andere Interessen verfolgt als der Konsument und ebenso an regelmäßigen Neukäufen interessiert ist.[162]

---

[158] Vgl. Hillmann (1970), S. 49 f.
[159] Vgl. Packard (1964), S. 68.
[160] Vgl. Kreiß (2014), S. 19 f.
[161] Vgl. Kreiß (2014), S. 97.
[162] Vgl. Knauß (2014).

5.2 Einfluss auf Wachstum und Beschäftigung

Bereits in den 30er Jahren des letzten Jahrhunderts wurde darüber diskutiert, ob durch geplanten Verschleiß die Konjunktur in der Wirtschaftskrise angekurbelt werden könne. Damals war der Grundgedanke, durch staatliche Regulation eine Art Abwrackprämie für bestimmte Produkte einzuführen, so dass diese neu gekauft würden und die Konsumausgaben steigen.[163] Auch wenn dies damals nicht realisiert wurde, ist die Idee bis heute aktuell und wurde z.B. in Form der Abwrackprämie für Altfahrzeuge umgesetzt.[164] Entscheidend ist hierbei, dass die privaten Haushalte nicht sparen, sondern konsumieren. Die Ankurbelung des Konsums kann in akuten Krisensituationen konjunkturell durchaus wirksam sein, dauerhaft wird ein erhöhter Konsum jedoch zu weniger Wachstum und geringerem Wohlstand führen.[165] So zeigte die Abwrackprämie für Autos im Jahre 2009 zwar positive konjunkturelle Effekte, jedoch war der Preis, den die Bundesregierung dafür zahlen musste hoch, und es stehen sinnvollere Maßnahmen zur Verfügung, die in einer solchen Krise die Konjunktur ankurbeln können.[166]

Interessant ist aber auch der Einfluss von geplanter Obsoleszenz auf das Wachstum von Unternehmen. So vertrat der Automobilhersteller Ford die Ansicht, dass die jährlichen Modellwechsel sowohl beschäftigungsmäßig für die Volkswirtschaft von Vorteil und aus Konkurrenzgründen für die Unternehmen unerlässlich seien, da diese dazu führten, dass mehr Autos verkauft und der Umsatz gesteigert würde.[167] Wird die vorzeitige Obsoleszenz von Produkten dadurch erzeugt, dass bei der Herstellung billigere Materialien bzw. Bauteile zum Einsatz kommen, hat die Verkürzung der Produktlebenszyklen mehrere positive Effekte aus Sicht der Hersteller: Zum einen kommt es aufgrund der verkürzten Haltbarkeit vorzeitig zu Ersatzkäufen, wobei dieser Effekt erst zeitverzögert zum Tragen kommt, und sich die Umsatzsteigerungen erst nach einer gewissen Zeit bemerkbar machen. Zum anderen entstehen durch die Verwendung günstigerer Bestandteile Kosteneinsparungen in der Fertigung, die sich

---

[163] Vgl. Kurz (2015), S. 68 f.
[164] Vgl. Natschke (2012), S. 4 f.
[165] Vgl. Kurz (2015), S. 69.
[166] Vgl. Gayer; Parker (2013), S. 14 ff.
[167] Vgl. Packard (1964), S. 92.

unmittelbar auf die Gewinne bzw. auf die Rentabilität auswirken.[168] Darüber hinaus können die Unternehmen beim Einsatz von Sollbruchstellen neben dem Verkauf des eigentlichen Produktes auch an teuren Ersatzteilen verdienen.[169] Ein weiterer für die Unternehmen positiver Effekt ist die Verkürzung der Produkthaftung. Nach dem Produkthaftungsgesetz muss der Produzent eines Gutes für Schäden haften, die an anderen Sachen und Personen entstehen und Folge eines Fehlers in dessen Produktes sind. Durch die Verkürzung der Lebensdauer nimmt auch der Zeitraum ab, in dem die Hersteller für etwaige Schäden haften müssen, wodurch Kosteneinsparungen im Rahmen der Produkthaftung zu vermuten sind.[170]

In Bezug auf Beschäftigung beschrieb bereits Packard den damals von Seiten der Industrie eingebrachten Umstand, dass die Menschen nichts mehr zu tun hätten und arbeitslos würden, wenn die Waren nicht schnell genug verschleißen.[171] So mag es auf den ersten Blick so wirken, als würde sich die geplante Obsoleszenz von Produkten positiv auf die Beschäftigungszahlen auswirken und für wirtschaftliches Wachstum sorgen. Bei genauerer Betrachtung wird allerdings deutlich, dass es sich dabei nicht um reales Wachstum handelt. Kreiß, der den Einsatz von geplanter Obsoleszenz mit dem „Graben und wieder Zuschütten von Löchern" vergleicht, kommt zu dem Schluss, dass es sich dabei um „eine ökonomisch völlig unsinnige Beschäftigungstherapie" handelt, „die Arbeitskraft, Fleiß, Intelligenz und Ressourcen nutzlos verschwendet und die gesamtwirtschaftliche Produktivität künstlich reduziert."[172] Dies verdeutlicht er mit einer simplen Rechnung: Wenn man davon ausgehen würde, dass die Lebenszeit von Produkten durch den Einsatz von künstlichem Verschleiß um die Hälfte reduziert wird, müsste doppelt so viel produziert und somit doppelt so viel Arbeitszeit, Ressourcen und Energie aufgebracht werden und darüber hinaus fiele doppelt so viel Müll an. Würde man nun die darin gebundene Arbeitszeit dafür aufwenden, Lebensmittel, Kleidung und Häuser zu produzieren, gäbe es hiervon mehr, und diese Güter würden im Preis sinken.[173]

---

[168] Vgl. Kreiß (2014) S. 18 f.
[169] Vgl. Knauß (2014)
[170] Vgl. Brönneke (2015), S. 194.
[171] Vgl. Packard (1964), S. 64.
[172] Kreiß (2014), S. 120.
[173] Vgl. Kreiß (2014), S. 120 ff.

5.3 Überflussproduktion und die Entwicklung zur Wegwerfgesellschaft

Eine weitere gesellschaftliche Entwicklung, die durch die geplante Obsoleszenz von Gebrauchsgegenständen begünstigt wird, ist die sogenannte Entwicklung zur Wegwerfgesellschaft. Bereits in den frühen 30er Jahren des letzten Jahrhunderts zeichneten sich Entwicklungen hin zur Überflussproduktion ab. So forderte der amerikanische Werbepionier Calkins bereits im Jahr 1932: „Wir dürfen nicht eher ruhen, bis wir alles, was wir herstellen können auch konsumieren können."[174] Es ging nun nicht mehr darum, den vorhandenen Bedarf zu decken, sondern Bedarf bei den Konsumenten zu wecken. Somit gab es in der Produktion kein Zuviel mehr, und die Konsumenten kannten kein Zuwenig, wie es bis dahin oft der Fall war.[175] Und die Produktion im Überfluss spitzt sich zunehmend zu. So war es Verbrauchern bis vor gar nicht allzu langer Zeit völlig absurd, Dinge wegzuwerfen, die noch gebrauchsfähig sind und es war lange Zeit üblich, die Dinge, die man besaß, pfleglich zu behandeln und wenn notwendig zu reparieren. Bis heute ist es in Gesellschaften, in denen neue Dinge nicht für jedermann erschwinglich sind, üblich, Defektes oder Ausrangiertes weiter- und wiederzuverwerten anstatt es zu entsorgen.[176] So findet man zum Beispiel auf jedem marokkanischen Wochenmarkt noch einen Kesselflicker, der beschädigte Kochtöpfe repariert, die in vielen Fällen bereits über Generationen hinweg in Gebrauch sind[177], während hierzulande schätzungsweise 100 Millionen Handys ungenutzt in deutschen Schubläden liegen, da sie durch ein neues ersetzt oder wegen eines geringfügigen und leicht zu reparierenden Defektes ausrangiert wurden.[178] Waren es vor 80 Jahren nur tatsächliche Einwegartikel, die nach dem Gebrauch entsorgt wurden, finden sich heute auf Mülldeponien Überreste von Digitalkameras, Staubsaugern oder Möbeln, die mittlerweile zu Wegwerfartikeln verkommen sind. Häufig in Fernost gefertigt, wodurch sie zu Schleuderpreisen auf dem Markt angeboten, nach einem Defekt aber nicht mehr repariert werden, oft, weil ein Neukauf kaum teurer ist oder weil die Ingenieure eine Reparatur von vornherein nicht vorgesehen haben.[179]

---

[174] Calkins (1976), S. 18.
[175] Vgl. Reuß (2015), S. 29 f.
[176] Vgl. Reuß (2015), S. 33 f.
[177] Vgl. Marsiske (2012), S. 75.
[178] Vgl. Brüggen-Freye (2016).
[179] Vgl. Lasch (2012), S. 26.

Von Seiten der Industrie heißt es oft, dass die Obsoleszenz der Logik der Wegwerfgesellschaft folge.[180] Und tatsächlich, in unserer heutigen Gesellschaft geht es beim Konsum schon lange nicht mehr darum, ein Grundbedürfnis zu befriedigen. Zwar spielt immer noch das Bedürfnis, einen materiellen Mangel zu beseitigen, eine entscheidende Rolle, jedoch ist jeder Kaufakt eine Art von Kommunikation, die etwas über den Käufer und dessen sozialen Status aussagt. Darüber hinaus geht es heutzutage bei einem Kauf vor allem um das emotionale Erlebnis, das dabei entsteht und durch immer häufigere Kauferlebnisse gesteigert wird.[181]

5.4 Ökologische Belastung durch Ressourcenverschwendung und zunehmende Abfallmengen

Der Nachteil, den die geplante Obsoleszenz von Konsumgütern auf die Umwelt hat, erschließt sich sehr schnell: Durch die Verkürzung der Lebensdauer der Produkte, müssen als Resultat mehr davon produziert werden, was wiederum zu einem höheren Verbrauch an Ressourcen und zu einer Steigerung der Abfallmengen führt.[182] Und die Mengen, die wir jedes Jahr an Abfällen produzieren, sind gewaltig. So fielen allein in Deutschland im Jahre 2015 ca. 386 Millionen Tonnen Abfälle an[183], was fast 4.800 Kilo pro Bundesbürger entspricht. Experten beziffern den Anteil am gesamten Müllaufkommen in Deutschland, der durch geplanten Verschleiß verursacht wird, auf gut 2,5 %, was allein im Jahr 2015 in Deutschland eine Abfallmenge von fast 10 Millionen Tonnen bedeutet hätte, die aus dem Einsatz von geplantem Verschleiß resultieren würde.[184] Die Tatsache, dass die Mengen an Müll stetig wachsen, beweist auch der Anteil von Elektroschrott am Abfallaufkommen. Dieser hat sich vom Jahr 2000 an bis heute mehr als verdoppelt.[185] Damit gilt der Abfall, der durch Elektro- und Elektronikgeräte entsteht, als der am schnellsten wachsende Anteil am Gesamtabfallaufkommen. So wächst der Anteil dieser Abfälle, deren Verursacher besonders häufig von geplanter Obsoleszenz betroffen sind, dreimal so schnell wie der Durchschnitt. Derzeit produziert jeder EU-Bürger im Schnitt Rund 14 kg Elektroschrott

---

[180] Vgl. Kreiß (2014), S. 79.
[181] Vgl. Marsiske (2012), S. 76.
[182] Vgl. Kreiß (2014), S. 16 sowie Brönneke et al. (2015), S. 314.
[183] Vgl. Statistisches Bundesamt (2015), S. 453.
[184] Vgl. Kreiß (2014), S. 117 f.
[185] Vgl. Kreiß (2014), S. 117.

pro Jahr. Und auch weltweit wächst der Anteil kontinuierlich. Pro Kopf wurden ganze 7 kg im Jahr 2012 produziert, was einem Gesamtaufkommen von 49 Mio. Tonnen entspricht. Für 2017 wird der Anteil an Elektroschrott bereits auf über 65 Mio. Tonnen geschätzt.[186] Noch deutlicher wird die Menge an Abfall, die durch Elektrogeräte entsteht, wenn man sich die Müllanteile diverser Geräte in absoluten Zahlen anschaut. So wurden 2014 ganze 24 Millionen Smartphones, sieben Millionen Tablets und acht Millionen Fernsehgeräte auf deutschen Mülldeponien entsorgt.[187] Und obwohl in Deutschland mittlerweile knapp 40 % des Abfalls, der durch Unterhaltungs-, IT- und Haushaltstechnik entsteht, recycelt wird, werden die aus dem Kreislauf gewonnenen Materialien bei diesem Prozess in ihrem Wert und in ihrer Qualität gemindert. Es findet somit keine vollwertige Aufbereitung statt.[188] Zudem werden nach wie vor viele Geräte nicht sachgerecht entsorgt und landen trotz Verbotes im Hausmüll.[189]

Die Auswirkungen hiervon bekommen besonders die Entwicklungsländer zu spüren. So werden Jahr für Jahr rund 155.000 Tonnen ausrangierte Elektrogeräte, ein Großteil davon Schrott, von Deutschland nach Afrika und Asien exportiert. Gebrauchsfähige Geräte werden dort weitergenutzt, der Rest ausgeschlachtet und entsorgt. Hierbei werden jedoch nicht annähernd EU-Anforderungen erfüllt, wodurch giftige Edelmetalle und Chemikalien die Umwelt in den betreffenden Ländern erheblich belasten.[190]

Doch nicht nur das steigende Abfallaufkommen stellt eine zunehmende ökologische Belastung dar. Auch der aufgrund von verkürzten Nutzungszyklen erhöhte Ressourcenbedarf stellt ein Problem dar. Während zu den damaligen Diskussionen bezüglich der geplanten Obsoleszenz in den 60er und 80er Jahren des letzten Jahrhunderts, die zu Verfügung stehenden Ressourcen noch als nahezu unbegrenzt angesehen wurden, wissen wir heute jedoch um die Knappheit dieser Ressourcen und so spielen die effiziente Verwendung und die Schonung in der Verarbeitung dieser

---

[186] Vgl. Eisenriegler (2015), S. 295 ff.
[187] Vgl. Floemer (2016).
[188] Vgl. Brönneke et al. (2015), S. 313.
[189] Vgl. Schultze; Petermann (2016).
[190] Vgl. Scheimann (2011).

Materialien in der heutigen Diskussion um die Obsoleszenz eine tragende Rolle.[191] Die Abholzung von Wäldern und der scheinbar unendliche Bedarf an Öl bilden dabei nur den Gipfel des Eisberges. So enthalten z.b. Geräte der Unterhaltungs- und Telekommunikationstechnik nicht zu unterschätzende Mengen an Edelmetallen, wie Gold, Silber oder Palladium sowie seltene Erden. Die Gewinnung und Verarbeitung dieser Materialien ist mit einem enormen Flächen- und Energieverbrauch verbunden und die Auswirkungen auf Mensch und Umwelt sind gravierend. So verursacht z.b. die Förderung einer Tonne Gold, Emissionen von ca. 18.000 Tonnen CO_2e.[192] Doch auch die Menschen, die an der Gewinnung dieser Materialien beteiligt sind, arbeiten oft unter untragbaren und teils sogar lebensgefährlichen Bedingungen. Einer Studie des Öko-Instituts zufolge, sterben z.B. bei der Gewinnung des metallischen Elements Cobalt, das unter anderem für die Herstellung von Lithium-Ionen-Akkus benötigt wird[193], mehr als 100 Menschen jährlich allein in der Demokratischen Republik Kongo.[194] Darüber hinaus ist das Erz auch häufig mit Schwermetallen und Uran belastet, wodurch die Arbeiter durch das Inhalieren oder durch kontaminiertes Essen oder Wasser auch einer gesundheitlichen Gefährdung ausgesetzt sind. Zudem wird vermutet, dass bis zu 30.000 Kinder an der Gewinnung dieses Metalls beteiligt sind.[195]

Bezogen auf die ökologische Belastung, zeigt eine weitere Studie des Öko-Instituts, dass gerade bei seltenen Erden nicht einmal in einem Prozent der Fälle die Recyclingmöglichkeiten voll ausgeschöpft werden und somit im Recyclingprozess ein Großteil der kritischen Rohstoffe verloren geht.[196] Darüber hinaus führen die unsachgemäße Rückführung der Rohstoffe, wie z.B. die Verwendung von Quecksilber bei der Rückgewinnung von Gold aus Elektroschrott, zu weiteren erheblichen Auswirkungen auf Mensch und Umwelt.[197] Außerdem enthalten viele Geräte, wie z.B. LCD-Bildschirme oder auch Kühlschränke, gefährliche und teils hochgiftige Stoffe, wie z.B. Kadmium oder Quecksilber, was zu einer zusätzlichen Belastung beim Rückbau

---

[191] Vgl. Prakash et al. (2016), S. 21.
[192] Vgl. Prakash et al. (2016), S. 57.
[193] Vgl. Rahimzei et al. (2015), S. 3 ff.
[194] Vgl. Tsurukawa et al. (2011), S. 28 f.
[195] Vgl. Tsurukawa et al. (2011), S. 2.
[196] Vgl. Buchert (2012), S. 68 ff.
[197] Vgl. Prakash et al. (2010), S. 55.

dieser Geräte führt.[198] Aber nicht nur die verkürzte Lebensdauer von Elektrogeräten stellt zunehmende ökologische Belastungen dar. Auch im Bereich der Textilien werden z.B. für die Produktion von einem Kilo Baumwolle ca. 20.000 Liter Wasser benötigt, und das häufig in Regionen, in denen Wasser ohnehin schon knapp ist. Hierzulande werden die T-Shirts dann für wenige Euros angeboten und landen nach einer Saison auf dem Müll.[199]

Es stellt sich also die Frage, inwiefern die Kurzlebigkeit die Ökobilanz der Produkte negativ beeinflusst. Zur Ermittlung eines ökologischen Vergleichs zwischen langlebigen und kurzlebigen Produkten muss der gesamte Lebensweg von der Rohstoffgewinnung über die Herstellung sowie Verarbeitung und Transport bis hin zum Gebrauch und der letztendlichen Entsorgung berücksichtigt werden. Innerhalb der Studie des Umweltbundesamtes wurde eine Vergleichsrechnung für Waschmaschinen, Fernsehgeräte und Notebooks durchgeführt, wobei Faktoren, wie z.B. der kumulierte Energieaufwand von der Rohstoffgewinnung bis hin zur Entsorgung oder das Treibhauspotenzial gegenübergestellt wurden. Berücksichtigt wird hierbei ebenfalls, dass innerhalb einer festgelegten Nutzungsdauer vor allem bei den kurzlebigen Produkten gegebenenfalls mehrere Geräte angeschafft werden, die zusätzliche Belastungen in Herstellung und Entsorgung bedeuten. So zeigt sich in allen Fällen, dass die langlebigen Produkte eine deutlich bessere Ökobilanz aufweisen als die vergleichsweise kurzlebigen Produkte, trotz der Tatsache, dass die Ersatzgeräte, die nach der Erstnutzung der kurzlebigeren Geräte angeschafft werden müssen, eine bessere Energieeffizienz aufweisen. Bei den Waschmaschinen z.B. sind der kumulierte Energieaufwand sowie das Treibhauspotenzial einer kurzlebigen Waschmaschine um ca. 40 % höher als bei einer langlebigeren Maschine. Über den Gesamtbetrachtungszeitraum von 20 Jahren verursacht eine kurzlebige Waschmaschine mit einer Nutzungsdauer von etwa 5 Jahren knapp 1.100 kg weniger CO_2e und die herstellungsbedingten Treibhausemissionen sind ca. 53 % höher als bei den langlebigeren Geräten mit einer Lebensdauer von 20 Jahren. Bei den Fernsehgeräten liegt der kumulierte Energieaufwand in einem Nutzungszeitraum von

---

[198] Vgl. Prakash et al. (2010), S. 45 und 69.
[199] Vgl. Lasch (2012), S. 27 f.

10 Jahren bei den kurzlebigen Geräten mit einer Nutzungsdauer von 5-6 Jahren immerhin um 28 % und das Treibhauspotenzial um 25 % höher als bei den langlebigeren Geräten mit einer Nutzungsdauer von 10 Jahren.[200] Diese Daten belegen eindeutig, dass bei elektronischen Geräten eine deutlich höhere ökologische Belastung durch die Verwendung von kurzlebigen Geräten entsteht, die im gleichen Zeitraum, in dem ein langlebiges Gerät genutzt werden kann, unter Umständen mehrfach ersetzt werden müssen.

---

[200] Vgl. Prakash et al. (2016), S. 236 ff.

6.   Maßnahmen zur Bekämpfung von geplanter Obsoleszenz

Da die geplante Obsoleszenz und die daraus resultierenden verkürzten Lebenszyklen nicht nur positive Auswirkungen haben, sondern sich in großem Maße auch negativ auf Mensch und Umwelt auswirken, gilt es im folgenden Kapitel, Maßnahmen aufzuzeigen, die dazu herangezogen werden können, der Problematik der geplanten Obsoleszenz und deren negativen Auswirkungen entgegenzutreten.

Nun sind die geplante Obsoleszenz sowie die gesellschaftlichen, volkswirtschaftlichen und ökologischen Auswirkungen, die daraus resultieren, kein Problem, welches nur einzelne Personen betrifft, sondern sie stellen ein gesamtgesellschaftliches Problem dar. So sollten hier in erster Linie von Seiten der Politik Lösungsansätze und rechtliche Rahmenbedingungen geschaffen werden, um der geplanten Obsoleszenz Einheit zu gebieten. Daher wird im folgenden Kapitel zunächst ein Blick auf die aktuelle Rechtslage geworfen und anschließend weitere mögliche Konsequenzen von Seiten der Politik aufgezeigt werden, die zur Eindämmung der thematisierten Praktiken beitragen können. Im Anschluss werden diverse gesellschaftliche Maßnahmen und Gegenentwicklungen zur aktuellen Wegwerfgesellschaft aufgezeigt.

6.1   Politische Maßnahmen und Regulierungsmöglichkeiten

Betrachtet man die aktuelle rechtliche Lage in Deutschland, so bietet diese zwar einige Ansatzpunkte, an denen Rechtsprechungen bezüglich geplanter Obsoleszenz anknüpfen könnten, bislang wurde aber keiner der folgenden Paragraphen entsprechend ausgelegt, und es existieren auch keinerlei Präzedenzfälle. Weder die Möglichkeit der Anfechtung eines Kaufvertrages aufgrund von arglistiger Täuschung (§123 Abs. 1 BGB), noch der Tatbestand des Verstoßes gegen die guten Sitten (§ 138 Abs. 1 BGB) oder gegen Treu und Glauben (§ 242 BGB) eignen sich, da es hier in der Regel an mangelnder Beweisbarkeit und der objektiven Nachweisbarkeit des Vorwurfes scheitert.[201] Auch im Rahmen der Gewährleistungsansprüche wird der Verbraucher bei solchen verdeckten Mängeln im Sinne des § 434 BGB oft an mangelnder Beweiskraft scheitern. Ist das Produkt defekt, wofür sich jedoch keine

---

[201] Vgl. Kreiß (2014), S. 62 f.

Ursache finden lässt, hat der Verbraucher praktisch keine Rechte. Nur wenn der Käufer tatsächlich nachweisen kann, dass ein verdeckter Mangel vorliegt, kann er von seinem Recht Gebrauch machen. Jedoch wird der Verbraucher in den meisten Fällen ohne entsprechende Fachkenntnis nicht die Möglichkeit haben, die Ursache für den Mangel aufzudecken.[202]

Auf europäischer Ebene sind in diesem Zusammenhang vor allem Richtlinien zu nennen, die auf die verminderte Haltbarkeit, in Hinblick auf ökologische Aspekte, abzielen. So fordern diverse EU-Richtlinien z.b. die Festlegung von Anforderungen an eine ökologisch nachhaltige Gestaltung von energiebetriebenen Produkten oder die Angabe von Verbrauch an Energie und Ressourcen durch entsprechende Etiketten und Produktinformationen. Diese konnten bislang allerdings nicht verhindern, dass die, aus ökologischer Sicht in höchstem Maße kontraproduktiven Praktiken, welche zu vorzeitigem Verschleiß von Produkten führen, eingedämmt werden konnten. Genauso wenig zeigte die EU-Richtlinie zur Bekämpfung von Abfällen durch Batterien oder Akkus Wirkung, welche auch in deutsches Recht, in Form des Gesetzes über das Inverkehrbringen, die Rücknahme und die umweltverträgliche Entsorgung von Elektro- und Elektronikgeräten umgesetzt wurde. Hier heißt es, dass Hersteller dazu verpflichtet sind, batterie- oder akkubetriebene Geräte so zu gestalten, dass die Batterien bzw. Akkus problemlos entnommen werden können und die Entnahme nicht durch spezielle Konstruktionsmerkmale oder Herstellungsprozesse verhindert werden soll. Diese Richtlinie zielt aber in erster Linie auf die Wiederverwertung und nicht auf die Reparierbarkeit durch den Verbraucher ab.[203]

Doch was kann die Politik tun, und welche Maßnahmen stehen ihr zur Verfügung, um den Verbraucher vor diesen Praktiken tatsächlich zu schützen? Vor allem die mangelnden Informationen, die dem Verbraucher beim Neukauf eines Produktes zur Verfügung stehen, spielen in Bezug auf den vorzeitigen Verschleiß eine zentrale Rolle. So findet man in aller Regel keinerlei Hinweise zur Haltbarkeit eines Produktes,

---

[202] Vgl. Brönneke (2015), S. 192.
[203] Vgl. Kreiß (2014), S. 162 ff.

genauso wenig wie zur Reparierbarkeit oder der Ersatzteilversorgung.[204] Auch die führenden Verbraucherschutzorganisationen Stiftung Warentest sowie die Schweizerische Stiftung für Konsumentenschutz kommen zu dem Urteil, dass in Bezug auf die Lebensdauer von Produkten „völlige Intransparenz"[205] herrsche und „Informationen, die zu einem bewussten Kaufentscheid gehörten"[206], fehlen würden.

So mangelt es Kreiß zufolge insbesondere auch an Angaben zur Reparierbarkeit und der Ersatzteilversorgung, um so den *Total-Cost-of-Ownership*[207] eines Produktes ermitteln zu können.[208] Die Schaffung von Transparent auf Seiten der Konsumenten wird häufig als eine der wesentlichen Maßnahmen im Kampf gegen die geplante Obsoleszenz genannt, da es Käufern nicht möglich ist, eine wirtschaftliche Kaufentscheidung zu treffen, ohne die Lebenszeit eines Produktes zu kennen. Eine adäquate Maßnahme von Seiten der Politik, hier Transparenz zu schaffen, wäre die Einführung von Kennzeichen oder Gütesiegeln oder gar einer Kennzeichnungspflicht z.B. für Elektrogeräte, wie es bereits bei dem Energieeffizienzlabel oder der Nährwertangabe auf Lebensmitteln der Fall ist. So empfiehlt Janis Winzer, der sich gegenwärtig mit der ökologischen Produktsteuerung am Fraunhofer-Institut in München beschäftigt[209], die aktuell bereits vorhandene Energieverbrauchskennzeichnungs-Richtlinie, in Form des Energieeffizienzlabels, um eine Angabe zur Nutzungsdauer bzw. Haltbarkeit des Produktes zu ergänzen.[210] Auf europäischer Ebene ist die Grundlage für eine vergleichbare Kennzeichnungspflicht bereits gelegt. So heißt es in der Ökodesign-Richtlinie, dass Indikatoren für die Produktlebensdauer, wie z.B. eine garantierte Mindesthaltbarkeit sowie ein garantierter Mindestzeitraum für die Lieferbarkeit von Ersatzteilen und Angaben zur Reparierbarkeit und Nachrüstbarkeit von Produkten, festgelegt werden können. Eine Umsetzung dieser Gesetzesgrundlage ist bislang allerdings noch nicht erfolgt.[211] Und auch schon Packard formulierte bereits Mitte des letzten Jahrhunderts die Forderung

---

[204] Vgl. Kreiß (2014), S. 164.
[205] Stiftung Warentest (2013), S. 60.
[206] Stiftung für Konsumentenschutz (2013), S. 2.
[207] Der Total-Cost-of-Ownership beschreibt die Kosten, die über den gesamten Zeitraum des Besitz eines Produktes entstehen, wozu neben den Anschaffungskosten auch die im laufenden Betrieb anfallenden Kosten zählen (Vgl. Wild; Herges (2000), S. 3).
[208] Vgl. Kreiß (2014), S. 66
[209] Vgl. Schridde; Kreiß (2013), S. 2.
[210] Vgl. Schridde; Kreiß (2013), S. 94 ff.
[211] Vgl. Kreiß (2014), S. 165 sowie Sperlich (2013), S. 10 f.

nach Angaben zu Todesdaten von Produkten, die den Verbraucher über die Haltbarkeit und Lebensdauer eines Produktes informieren sollten.[212] Durch die entsprechende Kennzeichnung der Produkte, insbesondere durch die Angabe der Haltbarkeit, welche den Hersteller gleichzeitig zu einer Gewährleistung innerhalb dieser Angabe verpflichten könnte, würde eine direkte Vergleichbarkeit und somit Präferenzen auf Seiten der Konsumenten geschaffen werden. Hierdurch würde ein Anreiz für die Hersteller entstehen, langlebigere Produkte zu produzieren, da eine entsprechende Auszeichnung zu einem Wettbewerbsvorteil führen würde. Wirklich erfolgreich dürfte diese Maßnahme jedoch nur mit gleichzeitiger Verhängung von Sanktionen für die Hersteller sein, sofern deren Produkte die angegebene Mindestlebensdauer nicht erfüllen. So könnten dem Nutzer von Seiten des Gesetzgebers ein Gewährleistungsrecht und ein Recht auf Verfügbarkeit von Ersatzteilen während dieses Zeitraumes eingeräumt werden. Erfüllt der Hersteller diese Auflage nicht, so hat er seinen Artikel als Einwegprodukt zu kennzeichnen.[213] Begleitendes Marketing würde dazu führen, dass entsprechende Produkte verstärkt nachgefragt und damit auch verstärkt produziert werden.[214]

Eine weitere Forderung bezüglich der Kennzeichnung von Produkten betrifft eine Nutzungskostenangabe, die über die erwarteten Kosten pro Nutzungseinheit informiert, wie z.B. die Kosten pro Waschgang oder pro 100 gedruckten Blatt Papier.[215] Hierdurch könnten die Konsumenten Produkte in Bezug auf deren gesamte Laufzeit unmittelbar miteinander vergleichen. Allerdings besteht hierbei die Schwierigkeit, eine tatsächliche Vergleichbarkeit und zuverlässige Herstellerangaben zu gewährleisten. Dass solche Kennzeichnungen von den Konsumenten als sinnvoll erachtet und durchaus genutzt werden würden, ergab eine Studie im Zusammenhang mit dem österreichischen Gütezeichen *ONCERT*, womit langlebige und reparaturfreundliche Elektro- und Elektronikgeräte seit 2015 auf dem österreichischen Markt ausgezeichnet werden. Bei einer entsprechenden Befragung gaben 80 % der Verbraucher an, dass sie

---

[212] Vgl. Packard (1964), S. 72.
[213] Vgl. Kreiß (2014), S. 169.
[214] Vgl. Eisenriegler (2015), S. 295.
[215] Vgl. Brönneke (2015), S. 200.

das Siegel als sinnvoll erachten und ganze zwei Drittel, dass sie dieses bei zukünftigen Käufen berücksichtigen würden.[216]

Die Schweizer Stiftung für Konsumentenschutz geht in ihrem Dossier zum Thema geplante Obsoleszenz sogar so weit, die Anhebung der gesetzlichen Gewährleistungsfrist von zwei auf fünf Jahren sowie eine Änderung der Regelung zur Beweislastumkehr zu fordern. So müssten die Hersteller dem Kunden über den gesamten Gewährleistungszeitraum beweisen, dass es sich um einen Anwendungs- und nicht um einen Produktfehler handelt.[217] Experten begründen dies z.B. mit der Tatsache, dass die Hersteller ihre Produkte und deren Eigenschaften besser kennen als der gewöhnliche Verbraucher und somit ein entsprechender Nachweis eher erbracht werden kann.[218] Außerdem berichten Verbraucherzentralen, dass die Hersteller die Beweislastumkehr ausnutzen und in vielen Fällen berechtigte Ansprüche der Kunden pauschal ablehnen.[219] Andere Juristen fordern ebenfalls eine deutliche Ausweitung der Verjährungsfrist im Rahmen der gesetzlichen Gewährleistung. Hierbei ist auch von einer Frist die Rede, die ab Kenntnis des Mangels beginnt und erst nach einer Frist von zehn Jahren enden bzw. sich über die gesamte Lebensdauer eines Produktes erstrecken soll. In diesem Zusammenhang wird auf internationale Standards, wie dem Verordnungsentwurf für ein gemeinsames Europäisches Kaufrecht, verwiesen.[220] Das Umweltbundesamt empfiehlt außerdem die Einführung von verpflichtenden Produkttests bezüglich der Lebensdauer, die unter vorgegebenen und kritischen Prüfbedingungen durchgeführt werden müssen.[221]

Die Politik in Frankreich ist bereits einen Schritt weiter. So wurde im Oktober 2014 ein Gesetz zur Bekämpfung der *Obsolescence Programmée* verabschiedet, welches es ermöglichen soll, Hersteller und Importeure anzuklagen, die geplante Obsoleszenz in ihren Produkten anwenden. Dieser Tatbestand stellt nach dem Gesetz ein Betrugsdelikt dar und kann mit bis zu zwei Jahren Freiheitstrafe und Geldbußen von bis

---

[216] Vgl. Eisenriegler (2015), S. 292 f.
[217] Vgl. Stiftung für Konsumentenschutz (2013), S. 20.
[218] Vgl. Brönneke (2015), S. 192 f.
[219] Vgl. Verbraucherzentrale Bundesverband e.V. (2012), S. 9.
[220] Vgl. Gildeggen (2015), S. 271 ff.
[221] Vgl. Prakash et al. (2016), S. 37 f.

zu 300.000 Euro bzw. in manchen Fällen sogar mit bis zu 5 % des Jahresumsatzes bestraft werden. Außerdem werden Unternehmen bei Produkten mit einem Wert von knapp über 480 Euro dazu verpflichtet, die voraussichtliche Lebensdauer anzugeben, was zum Ziel haben soll, dass Verbraucher gezielt nach langlebigen Produkten greifen.[222] Auch wenn dies nicht zu großangelegten Ermittlungen führen dürfte, würde es ein Signal für die Unternehmen setzen und diese zu einem Umdenken bewegen, so der Grünen-Abgeordnete François-Michel Lambert, dessen Partei den Gesetzesentwurf angestoßen hatte. Die französische Umweltschutzorganisation *France Nature Environnement* sowie die Verbraucherschutzorganisation *UFC Que Choisir* sehen ebenso eher die symbolische Wirkung und schätzen die Chancen vor Gericht als eher gering ein.[223]

Nach der vorherrschenden Meinung führender Juristen ist die aktuelle Gesetzeslage in Deutschland jedoch bislang unzureichend, um die Problematik der geplanten Obsoleszenz in den Griff zu bekommen. Solange die Hersteller im Rahmen des rechtlich Machbaren verfahren und die gesetzlichen Rahmenbedingungen einhielten, sei es kaum möglich, diese juristisch zu belangen.[224] Doch die Industrie wehrt sich weiterhin hartnäckig gegen eine gesetzlich festgeschriebene längere Mindesthaltbarkeit von Produkten. So argumentiert zum Beispiel der Branchenverband *ZVEI*, dass für eine verlässliche Kennzeichnung die Haltbarkeit der Produkte genau bestimmt werden müsste, was derzeit jedoch nicht gegeben sei, da es bislang keine einheitlichen Messverfahren für die Haltbarkeit elektrischer Geräte in Europa gebe.[225]

Ein außerdem nicht zu vernachlässigender Nachteil zu starker politischer Regulierung ist eine Überbürokratisierung, die den Nutzen, den der Verbraucher aus diesen Maßnahmen zieht, übersteigt. So müsste, um eine individuelle Mindestlebensdauer zu definieren, für jedes Produkt die Lebensdauer bekannt sein, wodurch umfassende und zeit- sowie kostenaufwendige Langzeittests notwendig wären. Darüber hinaus sollten

---

[222] Vgl. Pezet (2014) sowie Prakash et al. (2016), S. 21.
[223] Vgl. Landmann (2015).
[224] Vgl. Kreiß (2014), S. 108 f.
[225] Vgl. Frost (2016).

solche Regulierungen sehr dosiert eingesetzt werden, um die Wettbewerbsfreiheit nicht zu gefährden. So würde durch gesetzliche Mindeststandards z.B. das Ausscheiden von Low-Price-Geräten erzwungen werden, und der Verbraucher könnte nicht mehr selbst entscheiden, ob es für ihn möglicherweise sinnvoller ist, zu einem Gerät dieser Kategorie zu greifen, z.B. wie die Schlagbohrmaschine, die lediglich einmal im Jahr gebraucht wird.[226] Auch wird häufig bemängelt, dass die Vielzahl an Informationspflichten eher zu einer Desinformationen und zu einer Informationsüberflutung führen und somit weitere Informationspflichten zur zunehmenden Verwirrung der Konsumenten beitragen würden.[227] Somit sind Bewegungen und Impulse aus der Gesellschaft umso wichtiger, und letztendlich können die Verbraucher durch ihre Entscheidungen und ihr Handeln entgegenwirken und die Unternehmen so durch ihr Handeln beeinflussen. Welche Möglichkeiten den Verbrauchern diesbezüglich zur Verfügung stehen, gilt es im nachfolgenden Kapitel zu klären.

6.2   Gesellschaftliche Gegenbewegungen zur Wegwerfgesellschaft

Wie bereits konstatiert, leben wir heute in einer Wegwerfgesellschaft, die davon geprägt ist, Dinge regelmäßig auszutauschen und beim kleinsten Defekt wegzuwerfen, obwohl es sich eigentlich um langlebige Güter handelt. So werden heutzutage Möbel, die einst unsere Großeltern noch ihr Leben lang begleiteten und noch vor Jahren über Generationen weitervererbt wurden, wie als wären es Wegwerfartikel, alle paar Jahre ausgetauscht.[228] Doch was können wir als Verbraucher tun, um uns gegen diese gesellschaftliche Entwicklung aufzulehnen und um die Hersteller im besten Fall dazu zu bewegen, von ihrer Strategie des geplanten Verschleißes abzuweichen? Denn letzten Endes reichen Regulierungen und Gesetzgebungen von Seiten der Politik allein nicht aus, um zu erreichen, dass Produkte länger genutzt werden. Auch in der Gesellschaft muss ein Umdenken stattfinden und so sind ebenso die Konsumenten in der Pflicht, im Sinne der Umwelt- und Ressourcenschonung, die gekauften Produkte so lange wie möglich zu nutzen.

---

[226] Vgl. Kurz (2015), S. 75 ff.
[227] Vgl. Tonner et al. (2015), S. 239 f.
[228] Vgl. Kühl (2014) sowie Tillich (2015).

Hierzu gibt es bereits verschiedene gesellschaftliche Ansätze, die zunehmenden Anklang unter der Bevölkerung finden. So ist aktuell eine Wiederbelebung des Trends hin zur Reparatur von Gegenständen zu betrachten. Initiativen, wie z.B. *Repair Cafés*, welche regelmäßige Treffen veranstalten, bei denen Teilnehmer Dinge reparieren lassen oder lernen, wie sie diese selbst reparieren können. Dafür stehen den Teilnehmern in den weltweit mittlerweile über 1.000 Repair Cafés verschiedenste Werkzeuge sowie ehrenamtliche Helfer zur Verfügung.[229] Generell gilt, dass es, in vielen Fällen Sinn macht, über die Reparatur eines Produktes nachzudenken bevor es im Müll landet. Oft sind nur kleine Eingriffe notwendig und in vielen Fällen ist eine Reparatur immer noch günstiger als eine Neuanschaffung. Dass die Konsumenten auch durchaus bereit sind, insbesondere langlebige Produkte bei einem Defekt zu reparieren, ergab die bereits erwähnte Befragung im Zusammenhang mit dem österreichischen Ökodesign-Label *ONCERT*. Hierbei äußerten zwei Drittel der Befragten, dass sie bereit wären eine fünf Jahre alte Waschmaschine reparieren zu lassen und dafür gegebenenfalls auch bis zu 200 Euro in die Hand zu nehmen.[230] Das Problem hierbei ist jedoch, dass oftmals Geräte so konzipiert werden, dass diese sich überhaupt nicht reparieren lassen und in vielen Fällen Ersatzteile nicht verfügbar oder verhältnismäßig teuer sind und so seitens der Hersteller die Reparierbarkeit von Produkten bewusst verhindert und die Neuanschaffung forciert wird.[231] Hier bleibt dem Verbraucher lediglich die Möglichkeit, gezielt nach Produkten Ausschau zu halten, die entweder eine lange Haltbarkeit versprechen oder ohne weiteres repariert werden können und so die Hersteller auf lange Sicht dazu zu bewegen, diese Nachfrage zu bedienen, und ihre Produkte dementsprechend zu fertigen.

Eine weitere gesellschaftliche Initiative ist das österreichische Reparatur und Service-Zentrum (R.U.S.Z.), das mit der kostengünstigen Reparatur von Haushaltsgeräten, Unterhaltungsgeräten und Computern einen positiven Beitrag zur Eindämmung von obsoleten Geräten leistet und bereits durch erfolgreiche Lobbyarbeit die Reparier- und Wiederverwendbarkeit von Elektrogeräten in die Elektroaltgeräterichtlinie sowie die

---

[229] Vgl. Stichting Repair Café.
[230] Vgl. Eisenriegler (2015), S. 293.
[231] Vgl. Kreiß (2014), S. 44 ff.

Abfallrahmenrichtlinie der EU integrieren konnte. Für Geräte, bei denen, aufgrund hoher Arbeitskosten, eine Reparatur durch das R.U.S.Z. nicht wirtschaftlich ist, bietet dieses Anleitungen zur Selbstreparatur mit fachlicher Anleitung, um diese weiter nutzen zu können.[232] Neben der Reparatur von Gebrauchsgegenständen hat sich das Demontage- und Recycling Zentrum (D.R.Z.) in Zusammenarbeit mit dem R.U.S.Z. darauf spezialisiert, ausrangierte Produkte neues Leben einzuhauchen, indem diese quasi zweckentfremdet neu verwendet werden. So wird aus einer Waschmaschinentrommel im zweiten Leben z.B. ein Sitzhocker oder bunte Kabel und Tasten zu Schmuckstücken wiederverwertet. Und so erreichen durch Spendenaktion ca. 1.800 Altgeräte jährlich das R.U.S.Z. wovon knapp 39 % wieder Instand gesetzt werden können und weitere 41 % als Ersatzteilspender dienen. Diese Tatsache beweist, dass die zehn Prozent der Geräte, die laut häufiger Aussagen der Industrie verwertbar wären, deutlich untertrieben sind.[233]

Bei der sogenannten *Sharing-Community* oder *Shareconomy* hingegen werden Gegenstände kollektiv genutzt und von den Nutzern untereinander geteilt. Durch die gemeinsame Nutzung von Gegenständen, wie z.B. Werkzeugen oder im Fall von *Carsharing* sogar von Autos, müssen letztendlich weniger Artikel produziert werden, was zu einer Reduzierung von Arbeit und Kosten und zur einer Einsparung von Ressourcen führt.[234] Der Philosoph und Autor Charles Eisenstein bringt den Nutzen des Teilens auf den Punkt, indem er feststellt:

„In meiner Straße besitzt jede Familie einen Rasenmäher, der vielleicht zehn Stunden pro Sommer genutzt wird. Jede Küche hat einen Mixer, der höchstens 15 Minuten pro Woche läuft. Zu jedem beliebigen Zeitpunkt steht etwa die Hälfte aller Autos nutzlos auf der Straße geparkt. Die meisten Familien haben ihre eigenen Heckenscheren, Elektrowerkzeuge, Fitnessgeräte. Die meisten dieser Dinge sind überflüssig, weil sie die meiste Zeit ungenutzt bleiben. Unsere Lebensqualität wäre nicht geringer, hätten wir nur die Hälfte der Autos, ein Zehntel der Rasenmäher und zwei oder drei Fitnessgeräte für eine ganze Straße."[235]

Hierdurch wird sehr schön deutlich, welches enorme Einsparungspotential durch das Teilen von Gegenständen entsteht, und wie sinnlos unsere aktuelle gesellschaftliche

---

[232] Vgl. Fenz et al. (2014), S. 3 ff. sowie Eisenriegler (2015), S. 301 ff., Reparatur und Service-Zentrum und RREUSE
[233] Vgl. Maringer (2012).
[234] Vgl. Kreiß (2014), S. 192 f.
[235] Eisenstein (2013), S. 53.

Einstellung ist, alles selbst besitzen zu müssen. Ein weiterer Ansatz der in diese Richtung reicht ist der Kauf von gebrauchten Gegenständen. So wird verhindert, dass eigentlich noch funktionstüchtige Artikel weggeworfen und gleichzeitig keine neuen Artikel gekauft werden, die ressourcenaufwendig produziert wurden. Diese Lösung bietet sich vor allem bei langlebigen Gebrauchsgegenständen, wie z.B. Möbeln, an. So ist die lange Haltbarkeit von Massivholzmöbeln die optimale Voraussetzung, um etwas zu kaufen, das schon jemand anderes in Gebrauch hatte.[236]

Bei genauer Betrachtung gibt es somit bereits zahlreiche Initiativen, Plattformen und gesellschaftliche Bewegungen, bei denen nicht mehr oder selten genutzte Güter verschenkt, geteilt, getauscht oder verliehen werden.[237] Jedoch ist es hier notwendig ein allgemeines Verständnis für die Sinnhaftigkeit und Notwendigkeit dieser Maßnahmen zu schaffen und den breiten Teilen unserer Gesellschaft klar zu machen, wie es auf diese Art und Weise möglich ist, zur Ressourcenschonung und somit zum Schutz unserer Umwelt beizutragen. Langfristig sollte das Ziel sein, eine ressourcenneutrale Kreislaufwirtschaft zu etablieren, in der kein Müll produziert wird, weil alle Produkte aus wiederverwertbaren Bestandteilen bestehen. Dadurch würde es faktisch keinen Endverbraucher mehr geben, sondern jeder Konsument wäre ein Teil einer quasi endlosen Kette.[238]

---

[236] Vgl. Tillich (2015).
[237] Vgl. Schoen (2016), S. 2.
[238] Vgl. Knauß (2014).

7.   Schlussbetrachtung

Im Zuge der Ausarbeitung haben wir gesehen, was der Begriff der Obsoleszenz in Bezug auf die Lebensdauer von Gebrauchsgegenständen bedeutet und welches Ziel mit der Strategie des geplanten Verschleißes verfolgt wird. Insbesondere die psychische Obsoleszenz, bei der der Verbraucher durch technische Produktinnovationen oder optische Neuerungen animiert wird, sein aktuelles Produkt durch ein neueres Modell zu ersetzen, zielt unmittelbar auf die bewusste Verkürzung von Produktlebenszyklen ab, wodurch schnellere Ersatzkäufe herbeigeführt und die Umsätze künstlich angekurbelt werden. Die physische Obsoleszenz jedoch, die sich in Form von sogenannten Sollbruchstellen und gezielt herbeigeführten Defekten äußert, bewirkt nicht direkt eine Verkürzung des Lebenszyklus, sondern zunächst nur eine Verkürzung der Lebensdauer der Produkte. Die Tatsache, dass der Verbraucher nach dem Defekt aber in aller Regel zu einem neueren Produkt greifen wird, begünstigt somit indirekt auch die Verkürzung des Produktlebenszyklus.

Obwohl die Fakten und die Vielzahl der Beispiele deutlich für die Existenz von geplanter Obsoleszenz sprechen, ist die vorherrschende Meinung diesbezüglich gespalten und auch ausführliche Studien, wie die der Stiftung Warentest oder des Umweltbundesamtes konnten bislang keinen eindeutigen Beweis für die gezielte Manipulation von Produkten bezüglich deren Haltbarkeit feststellen. Zwar wehren sich die Unternehmen vehement gegen die Vorwürfe und argumentieren oft dahingehend, dass es vielmehr ihre Absicht sei, durch die Optimierung von Produktlebenszyklen zu versuchen, die Lebensdauer der Produkte auf die Ansprüche der Konsumenten und die tatsächliche Nutzungsdauer anzupassen. Doch die Beweislast ist erdrückend, und die Vielzahl der scheinbar offensichtlichen Fälle von geplanter Obsoleszenz sprechen für ein bewusstes Vorgehen von Seiten der Industrie. Bereits 1958 bekannte Brooks Steven, einer der führenden Industriedesigner der USA: „Unsere gesamte Wirtschaft basiert heute auf geplantem Verschleiß und jeder der lesen kann, ohne dabei die Lippen zu bewegen, dürfte das auch wissen. Wir machen gute Produkte, wir verleiten die Leute, sie zu kaufen, und dann führen wir nächstes Jahr absichtlich etwas ein, das diese Produkte altmodisch, out of date, obsolet macht. Wir machen dies aus dem vernünftigsten aller Gründe: Um Geld zu machen."[239] Und die moderne Kommunikationstechnologie treibt das Prinzip des geplanten Verschleißes auf die Spitze. Keine andere Branche ist so häufig vom geplanten Verschleiß betroffen. Nie gab es Produkte, die so wenig reparabel sind wie z.B. Smartphones oder Tablets. Außerdem sind diese Geräte zu symbolischen Objekten der Selbstdarstellung geworden, und da hierbei die Ästhetik oft im Vordergrund steht, erfolgt, aufgrund des modischen Wechsels, der psychologische Verschleiß besonders schnell. Außerdem folgen in dieser Branche die Innovationszyklen so schnell aufeinander, dass vorhandene Produkte damit quasi entwertet werden. Handys werden heutzutage weggeworfen, weil es neue Modelle gibt, und nicht, weil sie nicht mehr funktionieren. Bei dieser Form der geplanten Obsoleszenz wird folgerichtig auch von einer psychischen Obsoleszenz gesprochen, wobei noch funktionierende Produkte durch technisch bzw. optisch moderne ersetzt werden. Hierbei spielt vor allem das Marketing eine entscheidende Rolle, indem der Verbraucher bewusst beeinflusst und dahingehend manipuliert wird, zu glauben, sein Produkt sei veraltet.

Auch wenn die Unternehmen von dieser Form der Absatzsteigerung profitieren, birgt die geplante Obsoleszenz auch einige Gefahren, und die Auswirkungen auf Mensch und Umwelt sind gravierend. So haben wir festgestellt, dass die deutschen Verbraucher Schätzungen zufolge monatlich 110 Euro aufgrund von geplantem Verschleiß verlieren und kurzlebigere Geräte im Schnitt mit deutlich höheren Betriebs- und Folgekosten verbunden sind als vergleichsweise langlebigere Produkte. Noch drastischer wirkt sich die geplante Obsoleszenz jedoch auf unsere Umwelt aus. So steigen die Mengen an produziertem Müll kontinuierlich an, und der Anteil, den der geplante Verschleiß an dieser Entwicklung trägt ist alles andere als vernachlässigbar. Zwar lassen sich Zahlen diesbezüglich schwer beziffern, aber Experten gehen von enormen Mengen aus, die auf diese Tatsache zurückzuführen sind. Und auch die Ausbeutung von Ressourcen und die mangelnde Wiederverwertung einzelner Bauteile stellt ein nicht zu vernachlässigendes Problem dar, dem es gilt entgegenzutreten. Edbill Grote, Anbieter des Gütesiegels *HTV-Life-Prüfzeichen*, stellt diesbezüglich völlig richtig

---

[239] Slade (2007), S. 153.

fest: „Die Ausbeutung unserer Umwelt für die Rohstoffe und die Verschmutzung durch den späteren Schrott ist ein höheres Gut als immer mehr Profit."[240]

Was spricht also dagegen langlebigere, qualitativ hochwertiger sowie ggf. nachhaltiger und energieeffizientere Produkte herzustellen, die dementsprechend teurer verkauft werden können? Hier ist vor allem der Aspekt der kürzeren technischen und modischen Zyklen entscheidend. Da durch ständige Innovationen die Produkte mittlerweile bereits nach kürzester Zeit obsolet sind, lohnt es sich für die Hersteller gar nicht mehr, langlebige Produkte herzustellen.[241] Hier ist zum einen die Politik in der Pflicht, z.B. durch strengere Richtlinien bezüglich der Haltbarkeit von Produkten oder durch eine bessere Informationslage zu intervenieren und sich der Problematik anzunehmen. Doch auch die Gesellschaft und jeder einzelne Konsument sind gefragt, sich nicht von der ewigen Spirale der Produktinnovationen verleiten zu lassen und z.B. Bewährtes zu reparieren. Darüber hinaus bieten auch sogenannte Sharing-Economies ein probates Mittel, um unserer aktuellen Wegwerfmentalität ein Ende zu setzen.

Festhalten lässt sich also, dass die Verkürzung von Lebenszyklen, bzw. der Nutzungsdauer von Produkten, sei es durch die Anwendung von physischer oder psychischer Obsoleszenz, ein Problem darstellt, das sich sowohl auf die Gesellschaft als auch auf unsere Umwelt negativ auswirkt. Es ist nun die Aufgabe der Politik und die Verantwortung der Verbraucher zu reagieren und dem Vorgehen der Unternehmen entsprechend zu begegnen. Nur so können wir es schaffen, das Problem der geplanten Obsoleszenz obsolet werden zu lassen.

---

[240] Stiftung für Konsumentenschutz (2013), S. 18.
[241] Vgl. Lasch (2012), S. 28.

Quellenverzeichnis

Literatur

Blankenbach, Karlheinz: Die „andere" Obsoleszenz – Elektronik im Spannungsfeld von Gesetzgebung und Großserie, in: Brönneke, Tobias; Wechsler, Andrea (Hrsg.): Obsoleszenz interdisziplinär. Vorzeitiger Verschleiß aus Sicht von Wissenschaft und Praxis, Schriftenreihe des Instituts für Europäisches Wirtschafts- und Verbraucherrecht e.V., Band 37, Baden-Baden **2015**, S. 121-138

Brönneke, Tobias: Verkürzte Lebensdauer von Produkten aus Sicht der Rechtswissenschaften, in: Brönneke, Tobias; Wechsler, Andrea (Hrsg.): Obsoleszenz interdisziplinär. Vorzeitiger Verschleiß aus Sicht von Wissenschaft und Praxis, Schriftenreihe des Instituts für Europäisches Wirtschafts- und Verbraucherrecht e.V., Band 37, Baden-Baden **2015**, S. 185-203

Brönneke, Tobias; Fezer, Karl-Heinz; Oehler, Andreas; Reisch, Lucia; Stellpflug, Jürgen (Verbraucherkommission Baden-Württemberg): Qualität statt vorzeitiger Verschleiß – Diskussionspapier zur eingebauten Obsoleszenz bei Konsumgütern vom 21.07.2014, in: Brönneke, Tobias; Wechsler, Andrea (Hrsg.): Obsoleszenz interdisziplinär. Vorzeitiger Verschleiß aus Sicht von Wissenschaft und Praxis, Schriftenreihe des Instituts für Europäisches Wirtschafts- und Verbraucherrecht e.V., Band 37, Baden-Baden **2015**, S. 309-326

Buchert, Matthias; Manhart, Andreas; Bleher, Daniel; Pingel, Detlef: Recycling critical raw materials from waste electronic equipment, Öko-Insitut e.V. (Hrsg.), Darstadt **24.02.2012**

Burazerovic, Manfred: Die Lebensdauer von Produkten wird geplant, in: VDI Nachrichten, Ausgabe 09, Düsseldorf **22.02.2015**, S. 6

Calkins, Earnest Elmo: What Consumer Engineering Really is, in: Sheldon, Roy; Arens, Egmont (Hrsg.): Consumer Engineering. A New Technology for Prosperity, New York **1976**, S. 18

Coenenberg, Adolf; Fischer, Thomas; Günter Thomas: Kostenrechnung und Kostenanalyse, 8. Auflage, Stuttgart **2012**

Devries, Jan: IZMF Handystudie. Studie zur Nutzung/ Verwertung von Handys/ Smartphones, Informationszentrum Mobilfunk e. V. (Hrsg.), Berlin **20.11.2013**

Eisenriegler, Sepp: Obsoleszenz – Ein Impuls aus Österreich, in: Brönneke, Tobias; Wechsler, Andrea (Hrsg.): Obsoleszenz interdisziplinär. Vorzeitiger Verschleiß aus Sicht von Wissenschaft und Praxis, Schriftenreihe des Instituts für Europäisches Wirtschafts- und Verbraucherrecht e.V., Band 37, Baden-Baden **2015**, S. 291-308

Eisenstein, Charles: Ökonomie der Verbundenheit – Wie das Geld die Welt an den Abgrund führte – und sie dennoch retten kann, München **2013**

Fenz, Christian; Schwarzlmüller, Elmar; Seidl, Sabine; Tangl, Elisabeth: Reparieren bringt's! Das Reparaturnetzwerk Wien 2014/2015, Wiener Volkshochschulen GmbH (Hrsg.), 11. Auflage, Wien **05/2014**

Fischer, Marc: Produktlebenszyklus und Wettbewerbsdynamik. Grundlagen für die ökonomische Bewertung von Markteintrittsstrategien, in: Bauer, Hans; Homburg, Christian (Hrsg.): Schriftenreihe des Instituts für Marktorientierte Unternehmensführung, Wiesbaden **2001**

Ford, Henry: Mein Leben und Werk, 30. Auflage, Leipzig **1930**

Gabler Wirtschafts Lexikon, 16. Auflage, Wiesbaden **2004**

Gayer, Ted; Parker, Emily: Cash for Clunkers. An Evaluation of the Car Allowance Rebate System, Washington D.C. **2013**

Gildeggen, Rainer: Vorzeitiger Verschleiß und die Verjährung von kaufrechtlichen Mängelgewährleistungsansprüchen, in: Brönneke, Tobias; Wechsler, Andrea (Hrsg.): Obsoleszenz interdisziplinär. Vorzeitiger Verschleiß aus Sicht von Wissenschaft und Praxis, Schriftenreihe des Instituts für Europäisches Wirtschafts- und Verbraucherrecht e.V., Band 37, Baden-Baden **2015**, S. 269-287

Gregory, Paul M.: A Theory of Purposeful Obsolescence, in: Southern Economic Journal, Vol. 14, Stillwater **1947**

Heath, W. R.: Advertising That Holds the „Mauve Decade' Up to Ridicule, in: Printers' Ink, New York, **10.05.1928**, S. 42, zitiert in: Reuß, Jürgen: Kaufen für die Müllhalde – Das Phänomen der Obsoleszenz, in: Brönneke, Tobias; Wechsler, Andrea (Hrsg.): Obsoleszenz interdisziplinär. Vorzeitiger Verschleiß aus Sicht von Wissenschaft und Praxis, Schriftenreihe des Instituts für Europäisches Wirtschafts- und Verbraucherrecht e.V., Band 37, Baden-Baden 2015, hier S. 31

Heckl, Wolfgang: Die Kultur der Reparatur, München **2013**

Heidrich, Peter: Analyse und Optimierung von früh ausgefallenen Produkten in der Ingenieurausbildung, als Auftragsarbeit und in Forschungsprojekten, in: Brönneke, Tobias; Wechsler, Andrea (Hrsg.): Obsoleszenz interdisziplinär. Vorzeitiger Verschleiß aus Sicht von Wissenschaft und Praxis, Schriftenreihe des Instituts für Europäisches Wirtschafts- und Verbraucherrecht e.V., Band 37, Baden-Baden **2015**, S. 141-165

Hillmann, Karl-Heinz: Geplante Obsoleszenz. Bemerkungen zu Burkhardt Röper: „Gibt es geplanten Verschleiß", in: Zeitschrift für Verbraucherpolitik, Band 1 Nr. 1, Neuwied **1970**, S. 48-61

Homann, Annette; Kötteritzsch, Hans-Ulrich: brauchen – wünschen – leisten, Leipzig **2005**

Huisman, J.; van der Maesen, M.; Eijsbouts, R.J.J.; Wang, F., Baldé, C.P.; Wielenga, C.A.: The Dutch WEEE Flows, **Bonn 15.03.2012**

Journal of Commerce, 26.02.1959, zitiert bei: Packard, Vance: Die große Verschwendung, Frankfurt am Main 1964, hier S. 79

Klose, Sibylle: Obsoleszenz – Obsolet weil auskuriert!?, in: Brönneke, Tobias; Wechsler, Andrea (Hrsg.): Obsoleszenz interdisziplinär. Vorzeitiger Verschleiß aus Sicht von Wissenschaft und Praxis, Schriftenreihe des Instituts für Europäisches Wirtschafts- und Verbraucherrecht e.V., Band 37, Baden-Baden **2015**, S. 169-182

Kreiß, Christian: Geplanter Verschleiß. Wie die Industrie uns zu immer schnellerem Konsum antreibt – und wie wir uns dagegen wehren können, München **2014**

Kreiß, Christian: Geplanter Verschleiß, in: Brönneke, Tobias; Wechsler, Andrea (Hrsg.): Obsoleszenz interdisziplinär. Vorzeitiger Verschleiß aus Sicht von Wissenschaft und Praxis, Schriftenreihe des Instituts für Europäisches Wirtschafts- und Verbraucherrecht e.V., Band 37, Baden-Baden **2015**, S. 51-58

Kurz, Rudi: Obsoleszenz und Nachhaltigkeit aus volkswirtschaftlicher Perspektive, in: Brönneke, Tobias; Wechsler, Andrea (Hrsg.): Obsoleszenz interdisziplinär. Vorzeitiger Verschleiß aus Sicht von Wissenschaft und Praxis, Schriftenreihe des Instituts für Europäisches Wirtschafts- und Verbraucherrecht e.V., Band 37, Baden-Baden **2015**, S. 59-80

Lasch, Hendrik: Geplanter Murks. Wegwerfen fürs Wachstum, in: Öko-Test, Ausgabe 10-2012, Frankfurt am Main **10/2012**, S. 20-30

London, Bernard: Ending the depression through planned obsolescence, New York **1932**

Manhart, Andreas; Riewe, Thomas; Brommer, Eva: PROSA Smartphones. Entwicklung der Vergabekriterien für ein klimaschutzbezogenes Umweltzeichen, Öko-Institut e.V. (Hrsg.), Freiburg **08/2012**

Marsiske, Hans-Arthur: Verstecktes Verfallsdatum. Wirkprinzipien der geplanten Obsoleszenz, in: c't Magazin für Computertechnik, Heft 15/2012, Hannover **30.06.2012**, S. 75-77

Natschke, Siegmund: Lexikon der Finanzkrise – Daten, Fakten, Begriffe, Norderstedt **2012**

Neuburger, Otto: Die Mode. Wesen, Entstehen und Wirken, Berlin **1913**

Packard, Vance: Die große Verschwendung, Frankfurt am Main **1964**

Prakash, Siddharth; Manhart, Andreas; Opoku Agyekum, Obed; Amoyaw-Osei, Yaw: Socio-economic assessment and feasibility study on sustainable e-waste management in Ghana, Öko-Institut e.V. (Hrsg.), Freiburg **08/2010**

Prakash, Siddharth; Stamminger, Rainer; Oehme, Ines: Faktencheck Obsoleszenz. Analyse der Entwicklung der Lebens- und Nutzungsdauer von ausgewählten Elektro- und Elektronikgeräten, in: Brönneke, Tobias; Wechsler, Andrea (Hrsg.): Obsoleszenz interdisziplinär. Vorzeitiger Verschleiß aus Sicht von Wissenschaft und Praxis, Schriftenreihe des Instituts für Europäisches Wirtschafts- und Verbraucherrecht e.V., Band 37, Baden-Baden **2015**, S. 83-106

Prakash, Siddharth; Dehoust, Günther; Gsell, Martin; Schleicher, Tobias: Einfluss der Nutzungsdauer von Produkten auf ihre Umweltentwicklung. Schaffung einer Informationsgrundlage und Entwicklung von Strategien gegen „Obsoleszenz", Umweltforschungsplan des Bundesministeriums für Umwelt, Naturschutz, Bau und Reaktorsicherheit (Hrsg.), Texte 11/2016, Dessau-Roßlau **02/2016**

Primus, Hubertus: Qualität und Verschleiß aus der Sicht vergleichender Warentests, in: Brönneke, Tobias; Wechsler, Andrea (Hrsg.): Obsoleszenz interdisziplinär. Vorzeitiger Verschleiß aus Sicht von Wissenschaft und Praxis, Schriftenreihe des Instituts für Europäisches Wirtschafts- und Verbraucherrecht e.V., Band 37, Baden-Baden **2015**, S. 39-47

Rahimzei, Ehsan; Sann, Kerstin; Vogel, Moritz: Kompendium: Li-Ionen-Batterien, Frankfurt am Main **07/2015**

Reuß, Jürgen: Kaufen für die Müllhalde – Das Phänomen der Obsoleszenz, in: Brönneke, Tobias; Wechsler, Andrea (Hrsg.): Obsoleszenz interdisziplinär. Vorzeitiger Verschleiß aus Sicht von Wissenschaft und Praxis, Schriftenreihe des Instituts für Europäisches Wirtschafts- und Verbraucherrecht e.V., Band 37, Baden-Baden **2015**, S. 25-37

Röper, Burkhardt: Gibt es geplanten Verschleiß? – Untersuchung zur Obsoleszenzthese, Kommission für wirtschaftlichen und sozialen Wandel (Hrsg.), Projekt 137, Göttingen **1976**

Schmidt, Christoph: Programmierter Verschleiß, in: Chip, Heft 12/2013, München **2013**, S. 46-55

Schmidt, Ingo: Obsoleszenz und Mißbrauch wirtschaftlicher Macht, in: Wirtschaft und Wettbewerb, Heft 12/1971, S. 868, Düsseldorf **1971**

Schoen, Laura: Elektrogeräte werden immer kürzer genutzt, Umweltbundesamt (Hrsg.), Presseinfo Nr. 05 vom 15.02.2016, Dessau-Roßlau **15.02.2016**

Schridde, Stefan; Kreiß, Christian: Geplante Obsoleszenz. Entstehungsursachen, Konkrete Beispiele, Schadensfolgen, Handlungsprogramm, Gutachten im Auftrag der Bundestagsfraktion Bündnis 90 / Die Grünen, Berlin **2013**

Seidenschwarz, Werner: Target Costing. Marktorientiertes Zielkostenmanagement, München **1993**

Slade, Giles: Make to Break. Technology and Obsolescence in America, Cambridge / London, **2007**, zitiert bei: Kreiß, Christian: Geplanter Verschleiß. Wie die Industrie uns zu immer schnellerem Konsum antreibt – und wie wir uns dagegen wehren können, München 2014, hier S. 26 f.

Sperlich, Kristine: Schaffung einer Informationsgrundlage und Entwicklung von Strategien gegen „geplante Obsoleszenz". Gekauft, gebraucht, kaputt – vom viel zu kurzen Leben vieler Produkte, Fachgespräch am 20.03.2013 im Deutschen Bundestag in Berlin, Umweltbundesamt (Hrsg.), Berlin **2013**

Statistisches Bundesamt: Statistisches Jahrbuch 2015. Deutschland und Internationales, Wiesbaden **2015**

Stiftung für Konsumentenschutz: Kaum gekauft, schon kaputt? Schluss mit frühzeitigen Produktdefekten!, Bern **29.10.2013**

Stiftung Warentest: Schon kaputt?, in: test, Ausgabe 09/2013, Berlin **2013**, S. 58-64

Tönner, Klaus; Schlacke, Sabine; Alt, Marina: Stärkung eines nachhaltigen Konsums im Bereich der Produktnutzung durch Zivil- und Öffentliches Recht, in: Brönneke, Tobias; Wechsler, Andrea (Hrsg.): Obsoleszenz interdisziplinär. Vorzeitiger Verschleiß aus Sicht von Wissenschaft und Praxis, Schriftenreihe des Instituts für Europäisches Wirtschafts- und Verbraucherrecht e.V., Band 37, Baden-Baden **2015**, S. 235-267

Tsurukawa, Nicolas; Prakash, Siddharth; Manhart, Andreas: Social impacts of artisanal cobalt mining in Katanga, Democratic Republic of Congo, Öko-Insitut e.V. (Hrsg.), Freiburg **11/2011**

Veblen, Thorstein: Theorie der feinen Leute. Eine ökonomische Untersuchung der Institutionen, 8. – 9. Tsd. Ausgabe, Frankfurt am Main **1993**

Verbraucherzentrale Bundesverband e.V.: Neuregelung des Verbraucherschutzes in besonderen Vertragsschlusssituationen – Stellungnahme vom 04.11.2012 zum Referentenentwurf des Bundesministeriums der Justiz zur Umsetzung der Verbraucherrechtrichtlinie, Berlin **04.11.2012**

Vershofen, Wilhelm: Wirtschaft als Schicksal und Aufgabe, Darmstadt **1930**

Welzer, Harald: Selbst denken. Eine Anleitung zum Widerstand, Frankfurt am Main **2014**

Wild, Martin; Herges, Sascha: Total Cost of Ownership (TCO) – Ein Überblick, in: Schwickert, Axel (Hrsg.): Schriftenreihe WI, Nr. 1/2000, Mainz **2000**

Wölbert, Christian: Billig, aber kein Betrug, in: c't Magazin für Computertechnik, Heft 8/2016, Hannover **01.04.2016,** S. 62-63

Woidasky, Jörg: Frühzeitiger Ausfall von Produkten – „Geplante Obsoleszenz" zwischen Faktensuche und Medienspektakel, in: Brönneke, Tobias; Wechsler, Andrea (Hrsg.): Obsoleszenz interdisziplinär. Vorzeitiger Verschleiß aus Sicht von Wissenschaft und Praxis, Schriftenreihe des Instituts für Europäisches Wirtschafts- und Verbraucherrecht e.V., Band 37, Baden-Baden **2015,** S. 107-119

Zinn, Karl Georg: Wohlstand und Wirtschaftsordnung – zur Leistungsfähigkeit von marktwirtschaftlichen und planwirtschaftlichen Systemen, Darmstadt **1972**

Flüchtige Quellen

Brüggen-Freye, Claudia: Kommt die Mindesthaltbarkeit für Elektrogeräte, auf: computerbild.de, Hamburg **15.02.2016**, URL: http://www.computerbild.de/artikel/cb-News-Internet-Umweltbundesamt-Mindesthaltbarkeit-Elektrogeraete-15088685.html, abgerufen am: 26.07.2016 um 15:02 Uhr

Clasmann, Anne-Beatrice: Ex und hopp. Lebenszyklus vieler Geräte wird immer kürzer, auf: computerwoche.de, Köln **17.12.2015**, URL: http://www.computerwoche.de/a/der-lebenszyklus-vieler-geraete-wird-immer-kuerzer,3220874, abgerufen am: 26.07.2016 um 16:04 Uhr

Congstar GmbH: Die congstar Handytausch Option, auf: congstar.de, Köln, URL: https://www.congstar.de/handys/handytausch-option/, abgerufen am: 06.07.2016 um 00:01 Uhr

Floemer, Andreas: Geplante Obsoleszenz gibt es, aber anders als wir denken, auf: t3n.de, Hannover **15.02.2016**, URL: http://t3n.de/news/geplante-obsoleszenz-gibt-es-679822/, abgerufen am: 25.07.2016 um 23:42 Uhr

Frost, Simon: Handys, Fernseher, Waschmaschinen. Auf der Suche nach der geplanten Obsoleszenz, auf: tagesspiegel.de, Berlin **21.02.2016**, URL: http://www.tagesspiegel.de/wirtschaft/handys-fernseher-waschmaschinen-auf-der-suche-nach-der-geplanten-obsoleszenz/12965366.html, abgerufen am: 26.07.2016 um 15:12 Uhr

Gerhardt, Thomas: Mercedes E-Klasse auf der Detroit Motor Show. Eine-Milliarde-Euro-Facelift, auf: auto-motor-und-sport.de, Stuttgart **15.01.2013**, URL: http://www.auto-motor-und-sport.de/news/neue-mercedes-e-klasse-auf-detroit-auto-show-1-milliarde-euro-facelift-4983213.html, abgerufen am: 19.05.2016 um 23:48 Uhr

Greiner, Lena: Lebensmittel. Ernährungsminister Schmidt will Haltbarkeitsdatum abschaffen, auf: Spiegel Online, Hamburg **25.03.2016**, URL: http://www.spiegel.de/politik/deutschland/ernaehrungsminister-christian-schmidt-will-haltbarkeitsdatum-abschaffen-a-1084156.html, abgerufen am 21.05.2016 um 21:56 Uhr

Klinke, Harald: Apples Design-Strategie: Verführung mit Methode, auf: Spiegel Online, Hamburg **06.10.2011**, URL: http://www.spiegel.de/netzwelt/gadgets/apples-design-strategie-verfuehrung-mit-methode-a-790318.html, abgerufen am: 22.05.2016 um 00:04

Knauß, Ferdinand: Geplante Obsoleszenz. Wenn Murks zum Verkaufsprogramm wird, auf: WirtschaftsWoche Online, Düsseldorf **13.11.2014**, URL: http://www.wiwo.de/erfolg/trends/geplante-obsoleszenz-wenn-murks-zum-verkaufsprogramm-wird/10972230-all.html, abgerufen am: 05.06.2016 um 01:29 Uhr

Kühl, Andreas: Gebrauchte Möbel sind günstig und nachhaltig, auf: econidor.de, Berlin **24.01.2014**, URL: https://www.econitor.de/magazin/lifestyle/gebrauchte-moebel-sind-guenstig-und-nachhaltig_16403.html, abgerufen am: 31.05.2016 um 22:29 Uhr

Landmann, Hanna: Gezielt eingebaute Schwachstellen. Frankreich verbietet geplante Obsoleszenz, auf: n-tv.de, Köln **03.05.2012**, URL: http://www.n-tv.de/wirtschaft/Frankreich-verbietet-geplante-Obsoleszenz-article15746266.html, abgerufen am: 27.07.2016 um 15:16 Uhr

Maier, Jutta: Weniger drin, gleicher Preis, auf: Frankfurter Rundschau Online, Frankfurt am Main **29.04.2011**, URL: http://www.fr-online.de/wirtschaft/verbraucherschutz-weniger-drin--gleicher-preis,1472780,8391970.html, abgerufen am: 23.05.2016 um 23:25 Uhr

Maringer, Christiane: Mehr als bloß ein Waschmaschinenkauf, auf: kpoe.at, Wien **12.02.2012**, URL: http://www.kpoe.at/home/aktuelles/volksstimme/anzeige-vs/datum/2012/02/12/mehr-als-bloss-ein-waschmaschinenkauf.html, abgerufen am: 25.07.2016 um 23:28 Uhr

Noe, Isabell: Gebaut, um kaputtzugehen. Flachbildfernseher leben kurz, auf: n-tv.de, Köln **03.05.2012**, URL: http://www.n-tv.de/technik/Flachbildfernseher-leben-kurz-article6174416.html, abgerufen am: 27.07.2016 um 21:59 Uhr

Noe, Isabell: Studie zur „geplanten Veralterung". Heute neu, morgen Schrott, auf: n-tv.de, Köln **20.03.2013**, URL: http://www.n-tv.de/ratgeber/Heute-neu-morgen-Schrott-article10336881.html, abgerufen am: 27.07.2016 um 21:45 Uhr

o.V.: Geräte haben eingebautes Ablaufdatum, auf: orf.at, Wien **11.12.2012**, URL: http://steiermark.orf.at/news/stories/2562641/, abgerufen am: 05.06.2016 um 00:04 Uhr

o.V.: Ranking der wichtigsten Kaufkriterien in Deutschland bei der Neuanschaffung eines Handys oder Smartphones in den Jahren 2013 und 2014, auf statista.de, **2014** URL: http://de.statista.com/statistik/daten/studie/168767/umfrage/kaufkriterien-bei-neuanschaffung-eines-handys-smartphones/, abgerufen am: 09.06.2016 um 18:20 Uhr

Peters, Roland: Obsoleszenz kostet 100 Milliarden Euro. Umweltbundesamt forscht nach, auf: n-tv.de, Köln **02.04.2013**, URL: http://www.n-tv.de/technik/Umweltbundesamt-forscht-nach-article10397701.html, abgerufen am: 27.07.2016 um 21:33 Uhr

Pezet, Jacques: Gesetz gegen geplanten Verschleiß. Knast für Murks, auf taz.de, Berlin **05.11.2014**, URL: http://www.taz.de/!5029445/, abgerufen am: 08.06.2016 um 21:03 Uhr

Poprawa, Peter: Gibt es die Kaputtmacher wirklich? Geplante Obsoleszenz, auf: n-tv.de, Köln **06.06.2012**, URL: http://www.n-tv.de/wissen/Geplante-Obsoleszenz-article6582066.html, abgerufen am: 27.07.2016 um 22:40 Uhr

Reparatur und Service-Zentrum: Mission, auf: rusz.at, Wien, URL: http://rusz.at/mission/, abgerufen am: 21.07.2016 um 00:22 Uhr

RREUSE: About us, auf: rreuse.org, Brüssel, URL: http://www.rreuse.org/about-us/, abgerufen am: 21.07.2016 um 00:26 Uhr

Roth, Anna-Lena: Verschwendung von Lebensmitteln. EU-Staaten wollen Haltbarkeitsdatum für Nudeln abschaffen, auf: Spiegel Online, Hamburg **17.05.2014**, URL: http://www.spiegel.de/wirtschaft/unternehmen/mindesthaltbarkeitsdatum-fuer-nudeln-kaffee-tee-reis-neuer-eu-plan-a-969939.html, abgerufen am: 21.05.2016 um 21:45 Uhr

Scheimann, Thorsten: Produktlebenszyklen. Immer schneller neuer, auf: Tagesspiegel Online, Berlin **10.04.2011**, URL: http://www.tagesspiegel.de/wirtschaft/produktlebenszyklen-immer-schneller-neuer/4041756.html, abgerufen am: 09.08.2016 um 23:16 Uhr

Schultze, Christine; Petermann, Jan-Henrik: Frisch gekauft, bald kaputt? Kurzlebige Elektrogeräte in der Kritik, auf: sz-online.de, München/Berlin **15.02.2016**, URL: http://www.sz-online.de/ratgeber/frisch-gekauft-und-bald-kaputt-3324137.html, abgerufen am: 26.07.2016 um 15:57 Uhr

Schulze, Patrick: Klage gegen Apple. iPhone 4s durch iOS 9 zu langsam, auf: turn-on.de, Hamburg **30.12.2015**, URL: https://www.turn-on.de/news/klage-gegen-apple-iphone-4s-durch-ios-9-zu-langsam-58485, abgerufen am 21.05.2016 um 00:49 Uhr

Stegers, Wolfgang: Mercedes E-Klasse – das teuerste Facelift der Firmengeschichte, auf: Seniorbook.de, München **07.01.2013**, URL: http://www.seniorbook.de/themen/kategorie/auto-und-motor/artikel/3552/mercedes-e-klasse-das-teuerste-facelift-der-firmengeschichte, abgerufen am: 19.05.2016 um 23:43 Uhr

Stichting Repair Café: Was ist ein Repair Café?, auf: repaircafe.org, Amsterdam, URL: http://repaircafe.org/de/was-ist-ein-repair-cafe/, abgerufen am: 31.05.2016 um 22:49 Uhr

Tillich, Martin: Alternativen zu Ikea, auf: utopia.de, München **30.09.2015**, URL: https://utopia.de/ratgeber/alternativen-zu-ikea/, abgerufen am 31.05.2016 um 23:20 Uhr